U0899280

内蒙古自治区文物考古研究所
中国人民大学北方民族考古研究所

（下）

魏 坚

中国大百科全书出版社

Inner Mongolia Autonomous Region Institute of Cultural Relics and Archaeology
Northern Peoples Archaeology Research Institute of Renmin University of China

Shangdu Site of the Yuan Dynasty

II

Wei Jian

Encyclopedia of China Publishing House

元上都城南的金莲川草原（南—北）

元上都遗址航拍全景图

1.元上都龙岗远眺（南—北）

2.龙岗山后的原始森林

元上都遗址周边环境

1.龙岗上的元代敖包

2.元代敖包近观

元上都龙岗元代敖包

1.金莲川草原上的的闪电河（滦水）（东南—西北）

2.美丽的金莲川草原（西南—东北）

元上都遗址南的金莲川草原

1.金莲川草原

2.金莲花

元上都遗址南的金莲川草原

1.金莲川放牧的牛群

2.金莲川放牧的羊群

元上都遗址南的金莲川草原牧群

1.元上都北面的低山丘陵

2.丘陵间的丰美草原

元上都北的丘陵草原

1.龙岗主峰乌和尔沁敖包

2.金莲川草原与浑善达克沙地相接处

元上都北的龙岗主峰及沙地

1.元上都北部的湖泊——小扎格斯台

2.湖泊周围的牧场

元上都周围的地理环境

1.龙岗北的原始森林

2.龙岗北的白桦树

元上都北的原始森林

1.龙岗北的岛状灌木林

2.原始林中的植被

元上都北的森林植被

1.原始森林中的植被

2.原始森林中的植被

元上都北原始森林中的植物

1.元上都植物

2.元上都植物

元上都周围植物

1.龙岗原始森林中植物

2.龙岗周围的野生杏树

元上都龙岗周围植物

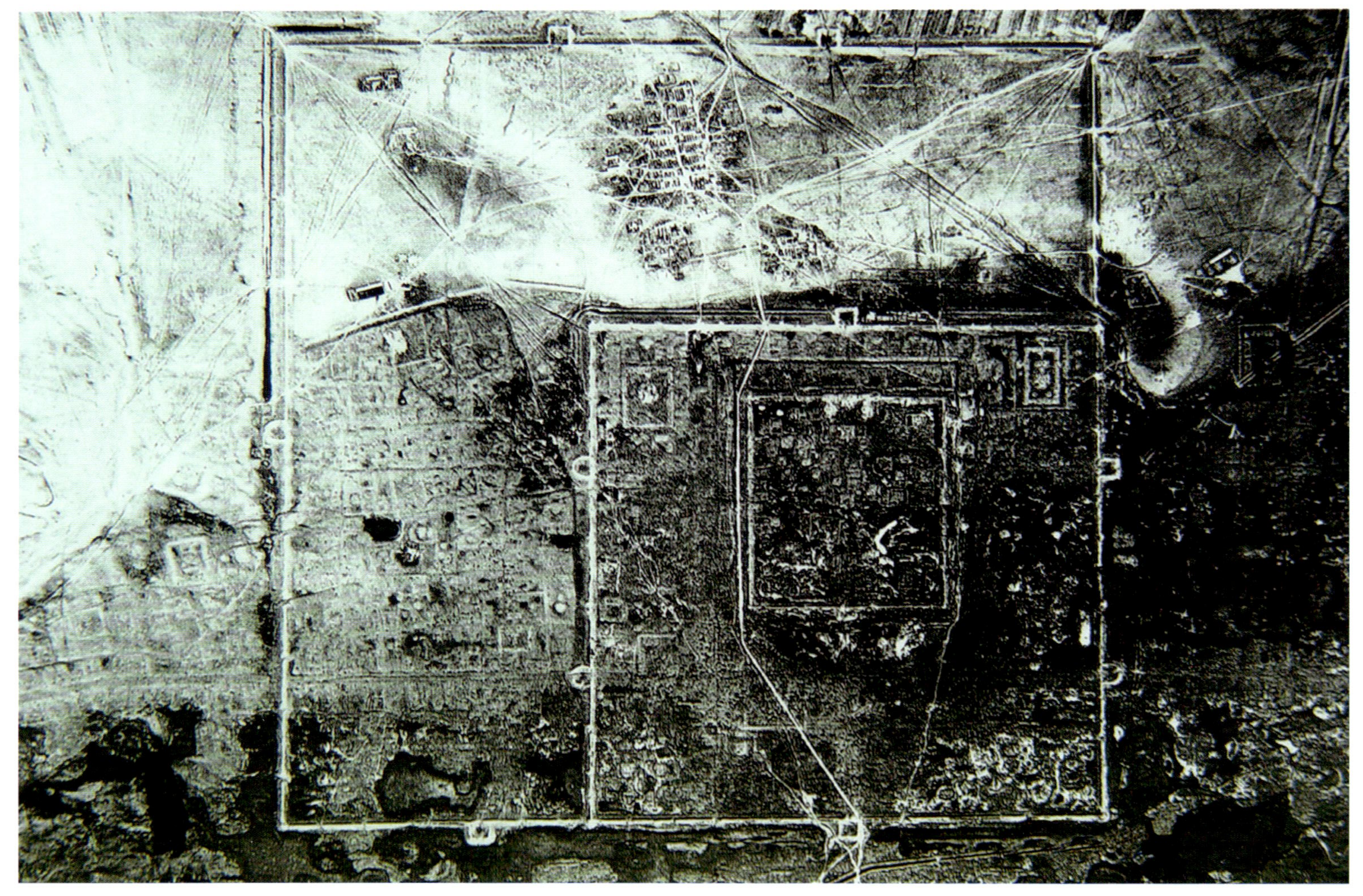

元上都遗址航拍图

元上都遗址全景（西北—东南）

元上都遗址皇城全景（西北—东南）

1.皇城西墙南段及小西门瓮城

2.皇城西墙夯土

元上都皇城西墙及瓮城

1.皇城西墙夯土

2.皇城西墙夯土

元上都皇城西墙夯土

1.皇城西墙外包砌石块

2.皇城西墙包砌石块及白灰

元上都皇城西墙包砌石块

1.皇城东墙马面与瓮城（北—南）

2.皇城东墙北段墙体

元上都皇城东墙及瓮城

1.皇城东墙及马面

2.皇城东墙包砌石块

元上都皇城东墙

1.皇城北墙东段

2.皇城北墙包砌石块

元上都皇城北墙

1.皇城北墙及长方形瓮城（东—西）

2.皇城北墙长方形瓮城（东—西）

元上都皇城北墙及瓮城

1.皇城西门马蹄形瓮城

2.皇城东门马蹄形瓮城

元上都皇城东、西门瓮城

1.皇城西门马蹄形瓮城（北—南）

2.皇城西门瓮城门封堵石墙

元上都皇城西门瓮城

1.皇城南门及工作站旧址

2.元上都工作站（1996～2002年）

3.皇城南门及保护标志

元上都皇城南门及工作站

1.皇城西北角台

2.皇城西北角台剖面（北—南）

元上都皇城西北角台

1.皇城东北角台（北—南）

2.皇城东南角台（东南—西北）

元上都皇城东北、东南角台

1.修复前的皇城东墙马面

2.修复后的皇城东墙马面

元上都皇城马面

元上都宫城全景（北—南）

1.宫城西墙北段（北—南）

2.宫城西墙包砖

元上都宫城西墙

1.宫城东北角（西—东）

2.宫城北墙外观（西—东）

元上都宫城北墙

1.宫城南墙西段内侧

2.宫城南墙西段外侧

元上都宫城南墙

1.御天门、明德门远眺（北—南）

2.宫城御天门（南—北）

元上都御天门及明德门

1.宫城御天门及门外建筑基址（南—北）

2.御天门西侧建筑基址（南—北）

元上都御天门

1.元上都遗址及西关铁幡竿渠全景（西南—东北）

2.外城西北角城墙及护城河

元上都外城西关及护城河

1.西内与北苑之隔墙（西—东）

2.外城西墙瓮城（北—南）

元上都外城隔墙及西墙瓮城

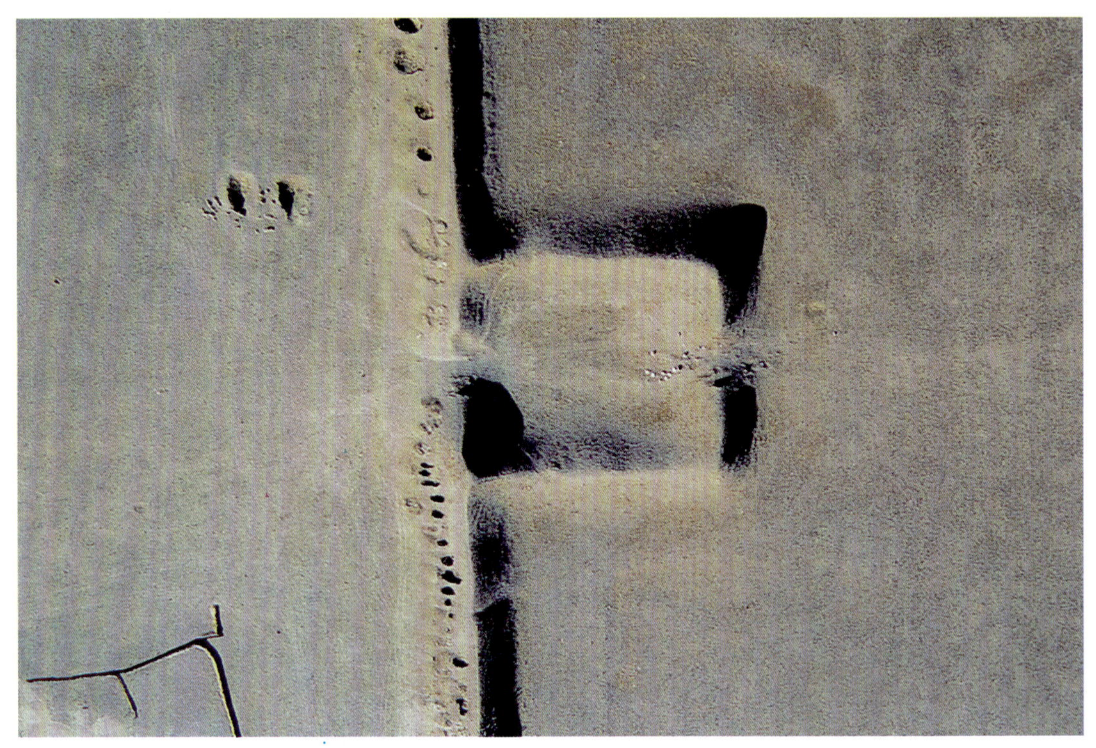

1.外城北墙西侧长方形瓮城

2.外城北墙西侧瓮城（西南—东北）

元上都外城瓮城

1.外城南墙及瓮城（东—西）

2.皇城南墙西段护城河

元上都外城南门及护城河

1.外城北墙西段护城河及瓮城

2.外城西墙北段护城河

元上都外城护城河

元上都外城西关全景

1.北山敖包（北—南）

2.元山子敖包（西—东）

元上都北山、元山子敖包

1.哈登台敖包（东—西）

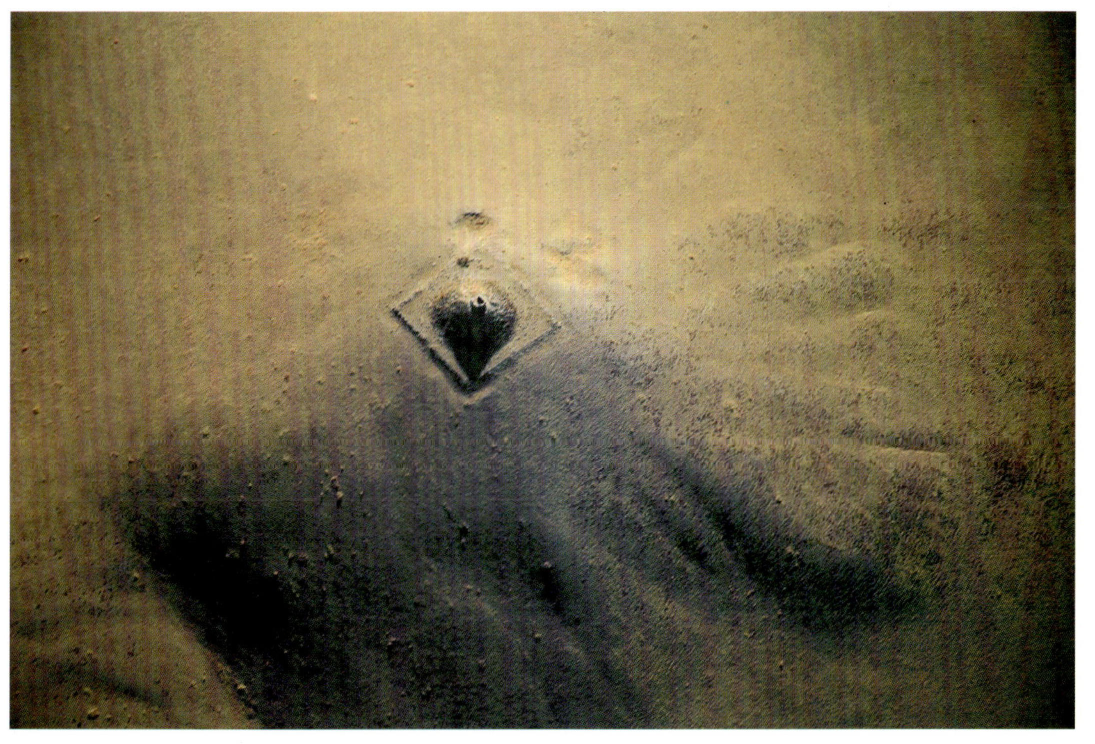

2.西山敖包及石围墙建筑

元上都哈登台、西山敖包

1.萤石山敖包远眺（北—南）

2.萤石山敖包（南—北）

元上都萤石山敖包

1.哈登台敖包及西侧取石坑（西—东）

2.铁幡竿石基座

元上都哈登台敖包及石基座

元上都铁幡竿渠南段（西—东）

1.铁幡竿渠北段拦洪坝及溢洪口（西—东）

2.铁幡竿渠北段拦洪坝（西—东）

元上都铁幡竿渠拦洪坝

1.铁幡竿渠拦洪坝两侧包砌的石墙（东—西）

2.拦洪坝包砌石墙及白灰（西—东）

元上都铁幡竿渠拦洪坝

1.铁幡竿泄洪渠北端溢洪口（南—北）

2.铁幡竿泄洪渠南端坝体

元上都铁幡竿泄洪渠坝体

1.东关小东山及部分建筑基址

2.东关小东山

元上都东关及小东山

1.东关粮仓遗址（LYD-4）

2.东关元山子敖包及粮仓遗址

元上都东关元山子敖包及仓址

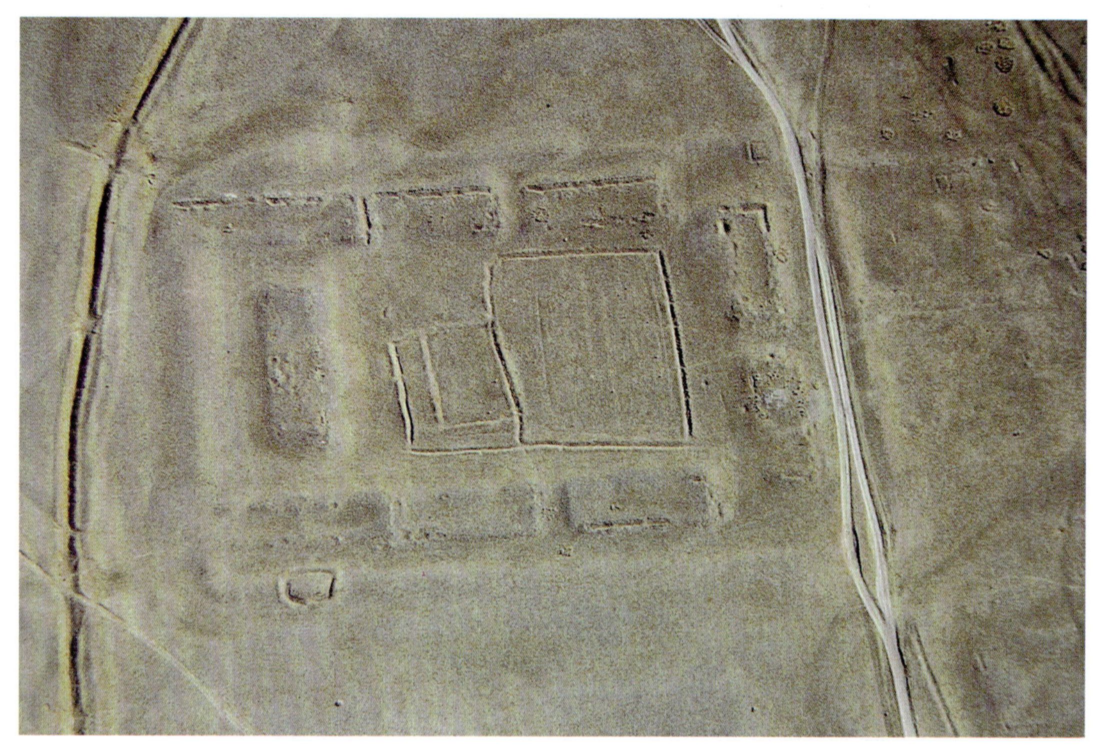

1.西关粮仓遗址（LYX-9）

2.北关仓址（LYB-4）

元上都西关、北关仓址

元上都穆清阁基址全景（南—北）

元上都穆清阁中央大殿夯土台基（南—北）

1.穆清阁中央大殿夯土台基及水井（南—北）

2.穆清阁前水井

元上都穆清阁台基和水井

1.穆清阁夯土台基夯层

2.穆清阁中央及东侧夯土台基（西南—东北）

元上都穆清阁台基

1.水晶宫遗址（西—东）

2.仁寿殿遗址（南—北）

元上都宫殿基址

1.华严寺遗址全景

2.华严寺遗址台基（东—西）

元上都华严寺遗址

1.石柱础

2.汉白玉螭首

元上都城内出土石构件

1.缠枝花石构件

2.牡丹花石构件

元上都采集石构件

1.乾元寺遗址台基（南—北）

2.乾元寺遗址石柱础

元上都乾元寺遗址

1.开元寺遗址台基及木桩（西—东）

2.开元寺遗址台基（东—西）

元上都开元寺遗址

1.古阿拉伯文石刻（97LYD1M：221）

2.雕花石刻（97LYD1M：219）

元上都出土石刻

1.南关西区发掘清理

2.南关东区发掘布方

元上都南关发掘布方清理

1.南关西区发掘测绘

2.南关西区发掘出土器物

元上都南关西区发掘清理测绘

1.南关东区发掘测绘

2.南关东区发掘清理

元上都南关东区发掘清理测绘

1.南关西区LYNF1全景（南—北）

2.南关西区LYNF1火炕（南—北）

元上都南关西区LYNF1

1.南关西区LYNF2全景（南—北）

2.南关西区LYNF1台阶拼花图案

元上都南关西区房址清理

1.南关东区LYNF4全景（西—东）

2.南关东区LYNF4铺地砖（东—西）

元上都南关东区LYNF4

1.南关东区LYNF4石墙局部（南—北）

2.南关东区LYNF4局部（南—北）

元上都南关东区LYNF4局部

1.敛口瓷罐（LYNF2：1）

2.LYNF2出土瓷片等

3.陶盘（LYNF2：7）

4.筒瓦（LYNTI②：6）

5.板瓦（LYNTI②：3）

元上都南关出土器物

1.铜勺（LYNF2：2）

2.铁锅（LYNF4：30）

3.铁锹（LYNF1：6）

4.铁凿（LYNF1：7）

元上都南关出土器物

1.皇城南门外观（南—北）

2.皇城南墙东段（西—东）

3.皇城南墙西段（东—西）

元上都皇城南门及南墙

1.皇城南门外观（西南—东北）

2.皇城南门内观（北—南）

3.皇城南门长方形瓮城（西北—东南）

元上都皇城南门及瓮城

1.元上都遗址保护标志（汉文）

2.元上都遗址保护标志（蒙文）

元上都遗址文物保护标志

1.皇城南门瓮城东部（西北—东南）

2.皇城南门瓮城西部（东北—西南）

元上都皇城南门瓮城清理

1.皇城南门瓮城南墙修复中（西南—东北）

2.皇城南门瓮城西侧修复后（南—北）

元上都皇城南门修复

元上都皇城南门及瓮城门外观（南—北）

1.皇城南门、瓮城及瓮城门（北—南）

2.皇城南门南侧门道（北—南）

元上都皇城南门门址

1.皇城南门南端（南—北）

2.皇城南门北端（北—南）

元上都皇城南门门道

1.皇城南门南端东侧墙体

2.皇城南门南端西侧墙体

元上都皇城南门南端墙体

1.皇城南门西南角基石

2.基石残断及几何形花纹

元上都皇城南门西南角基石

1.皇城南门北端东侧墙体

2.皇城南门北端西侧墙体

元上都皇城南门北端墙体

1.皇城南门南端东侧墙体

2.皇城南门南端西侧墙体

元上都皇城南门南端墙体

1.皇城南门东侧墙体券顶上的白灰和席纹

2.皇城南门北端西侧券顶残留细部

元上都皇城南门券顶

1.皇城南门门道东侧门闩插孔

2.皇城南门门道西侧门闩插孔

元上都皇城南门门闩插孔

1.白釉瓷盘（LYM：10）

2.骨管状器（LYM：6）

元上都皇城南门出土器物

1.A型模制花砖（LYM：35）

2.A型模制花砖（LYM：32）

元上都皇城南门出土花砖

1.B型Ⅱ式模制花砖（LYM：17）

2.C型模制花砖（LYM：19）

元上都皇城南门出土花砖

1.D型Ⅰ式模制花砖（LYM：20）

2.D型Ⅱ式模制花砖（LYM：25）

元上都皇城南门出土花砖

1.F型模制花砖（LYM：38）

2.D型Ⅲ式模制花砖（LYM：24）

3.B型雕刻花砖（LYM：31）

元上都皇城南门出土花砖

1. I型模制花砖（LYM：34）

2. J型模制花砖（LYM：23）

元上都皇城南门出土花砖

1.瓮城（西北—东南）

2.瓮城门（南—北）

元上都皇城南门及瓮城门址

1.瓮城门北端东侧石条

2.瓮城门北端西侧石条

元上都皇城南门瓮城门址砌石细部

1.瓮城门道西壁

2.瓮城门道东壁

元上都皇城南门瓮城门门道内壁

1.瓮城门南端西壁柱础石

2.瓮城门北端东壁石条立柱

元上都皇城南门瓮城门柱础石及石立柱

1.瓮城门西壁石立柱及烧毁的木柱

2.瓮城门东壁墓顶石立柱

元上都皇城南门瓮城门立柱

1.瓮城门道西壁中部门枢清理情况（北—南）

2.瓮城门道西壁柱础上残留的木柱

元上都皇城南门瓮城门址清理情况

1.瓮城门道柱础及将军石（西—东）

2.瓮城门将军石及烧毁的铁板杂物

元上都皇城南门瓮城门道

1.瓮城门内带耳筒状器出土情况

2.瓮城门出土石刻

元上都皇城南门瓮城门出土铜器及石构件

1.瓮城西墙豁口及修复情况（西—东）

2.皇城南墙外侧解剖探沟（南—北）

元上都皇城南门清理修复

1.陶俑（LYW：20）

2.琉璃构件（LYW：4）

3.瓦当（LYW：48）

4.陶纺轮（LYWC：7）

元上都皇城南门瓮城门出土器物

1.瓮城门出土带耳筒状器（LYW：14）

2.瓮城门出土带耳筒状器（LYW：16、15）

元上都皇城南门瓮城门址出土铜器

1.铁辖（LYW：19）

2.铁棒（LYW：18）

元上都皇城南门瓮城门址出土铁器

1.铁环（LYW：56）

2.铁凿（LYWC：8）

元上都皇城南门瓮城出土铁器

1.石球（LYW：21）

2.石球（LYW：27）

元上都皇城南门瓮城门址出土石球

1.酱釉碗（LYMG：1）

2.A型白釉小碗（LYMG：2）

元上都皇城南门探沟出土瓷器

1.酱釉四系罐（LYWC：1）

2.白釉瓷盆(LYWC：12)

元上都皇城南门瓮城门采集瓷器

1.国家文物局杨志军司长视察修复工作 2002年
（左起：斯钦毕力格、陈朋山、杨志军、韩志刚、魏坚、吉雅、那顺孟克、满达）

2.皇城东墙外积土清理

元上都皇城东墙清理修复

1.皇城东墙底基布方清理（南—北）

2.皇城东墙及马面清理复原（南—北）

元上都皇城东墙清理修复

1.部分修复后的皇城东墙（东北—西南）

2.部分修复后的皇城东墙全景（北—南）

元上都皇城东墙远眺

1.修复后的皇城东墙马面

2.修复后的皇城东墙及马面（东—西）

元上都皇城东墙及马面修复

1.皇城东墙墙体中的老榆树

2.修复后的皇城东墙与马面（北—南）

元上都皇城东墙马面与老榆树

1.皇城东墙包砌石块修复对比（南—北）

2.保存较好的皇城东墙原状

元上都皇城东墙修复对比

1.皇城东墙局部（北—南）

2.皇城东墙及马面（南—北）

元上都皇城东墙雪景

1.冰雪覆盖的皇城东墙及东门瓮城（北—南）

2.修复后的皇城东墙

元上都皇城东墙与瓮城雪景

1.皇城东墙及马面

2.皇城东墙马面

元上都皇城东墙与马面雪景

1.皇城东墙及马面侧视（南—北）

2.皇城东墙马面正视（东—西）

元上都皇城东墙马面

1.皇城东墙马面侧视（北—南）

2.皇城东墙马面侧视（南—北）

元上都皇城东墙马面侧视

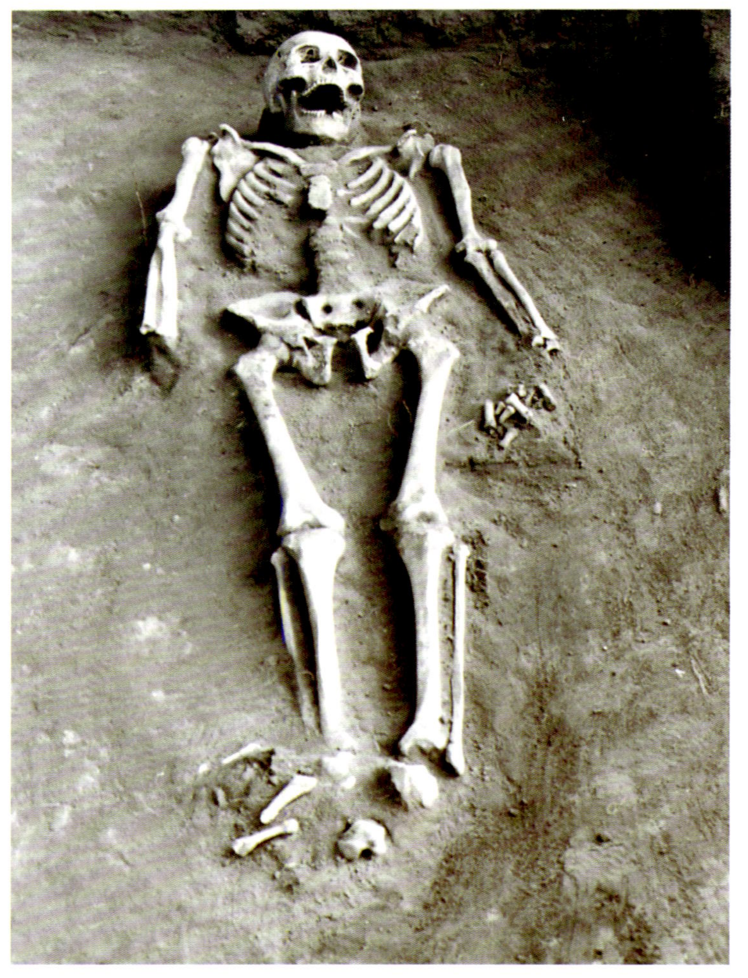

1.LYNM1

2.LYNM2

元上都皇城南门外墓葬

作者在元上都金莲川草原上

1.自治区党委书记储波陪同全国人大副委员长盛华仁视察元上都　2004年
（前排左起：盛华仁、魏坚、储波、崔建国）

2.盛华仁在皇城明德门遗址　2004年
（左起：魏坚、任亚平、刘卓志、盛华仁；右一：储波）

全国人大和自治区领导视察元上都

1.全国政协副主席张思卿等在元上都皇城东墙　2003年
（前排左起：魏坚、杨伟光、盖山林、张思卿；前排右二：高延青；右三：张文彬）

2.全国政协委员在元上都工作站　2003年
（左起：杨伟光、赛佳、魏坚、于洋、王铁成）

全国政协和自治区领导视察元上都

1.泰国诗琳通公主参观元上都　2003年（左三：诗琳通公主）

2.自治区党委领导杨利民、陈朋山和盟旗领导考察元上都　2003年
（左起：魏坚、荣天厚、杨利民、陈朋山、斯钦毕力格）

外国友人、自治区领导考察元上都

1.国家文物局局长张文彬和自治区文化厅厅长高延青考察元上都　2003年
（右起：张文彬、高延青、魏坚）

2.自治区文化厅厅长焦雪岱、副厅长赵芳志考察元上都　1996年
（右起：魏坚、焦雪岱、冯茉莉、赵芳志）

文博系统领导考察元上都

1.自治区文物局局长刘兆和、盟文化局局长金莺和正蓝旗旗长李少锋同工作人员合影 2000年
（前排右起：孟克巴特尔、金莺、李少锋、刘兆和、苏俊、高建亭、魏坚；后排左起：珊丹、李中核、杨春文、刘学民、赛佳、德力格尔、包雪峰；后排右一：乌云达来）

2.正蓝旗旗委副书记甘珠尔陪同自治区人大、公安、文博系统领导考察元上都 1992年
（右起：哈达、那义中、玉兰、查干莲花、苏俊、斯钦巴图、甘珠尔、魏坚、巴特尔；左起：拉西）

自治区人大、公安、文博及正蓝旗领导考察元上都

1.自治区文化厅文物处苏俊处长在元上都皇城南门清理现场 2003年
（左起：苏俊、王晓琨、魏坚）

2.苏俊处长与正蓝旗旗委书记斯钦毕力格、副旗长包志群在元上都皇城南门 2003年
(左起：魏坚、斯钦毕力格、苏俊、包志群）

自治区文化厅和正蓝旗领导考察元上都

1.中国作协党组书记金炳华教授考察元上都　2004年
（左起：李永胜、魏坚、金炳华、梁志军;右一：满达）

2.中国人民大学清史研究所所长成崇德教授和夫人考察元上都　2004年

中国作协、中国人民大学学者考察元上都

1.席慕蓉教授与作者在元上都考察 2004年

2.席慕蓉教授与作者在哈登台敖包 2004年

台湾著名学者席慕蓉考察元上都

1.作者在牧民的蒙古包前（左起：霍日查、魏坚、巴特尔）

2.作者及滕铭予教授等与小扎格斯台牧民合影（前排左起：魏婧、滕铭予、魏坚、巴特尔）

作者与小扎格斯台牧民在一起

1.联合国教科文组织官员考察元上都 1997年
（右起：千叶基次、大井刚、藤井和夫、田村晃一、那顺孟克、魏坚、宝音、后藤直、珊丹、张志全）

2.香港文化出版界陈万雄一行考察元上都 1995年
（左起：温玉光、李家驹、陈万雄、张倩仪、魏坚、苏俊、韩志刚、张武、付宁、满达）

国内外文化界人士考察元上都

1.元上都考古培训班全体人员在工作站合影 1998年
（前排左起：李兴盛、那义忠、魏坚、苏俊、王中复、赛佳、那玮）

2.元上都考古培训班学员与李逸友先生在元上都皇城东墙 1998年
（前排左起第七人为李逸友先生）

草原地带文物干部培训班在元上都

1.元上都航拍GPS地面定位工作现场 1998年
（左起：雷生霖、王仁旺、张文平、任强、王瑞、俞坦、王晓琨）

2.多伦县文化局局长吴克林（后排左三）一行考察元上都

元上都航拍定位与考察

1.内蒙古大学文博班同学在元上都宫城 2003年

2.中国人民大学和台湾逢甲大学研究生在皇城东墙 2006年

高校文博、考古专业学生考察元上都

1.作者在元上都接受中央电视台的采访 2003年

2.香港凤凰卫视中文台赴元上都采访 2003年

新闻媒体采访报道元上都

1.宫城1号基址地表原貌（西南—东北）

2.宫城1号基址石砌围基（东南—西北）

元上都宫城1号基址清理

1.宫城1号基址石砌围基南侧斜坡踏道（南—北）

2.上层殿址全景（东南—西北）

元上都宫城1号基址上层殿址

1.上层殿址南部东侧墙基及回廊柱础（南—北）

2.上层殿址南部东侧石砌墙基及柱础（西—东）

元上都宫城1号基址上层殿址南侧

1.上层殿址西侧墙基及回廊柱础（南—北）

2.上层殿址西侧墙体内的立柱（西—东）

元上都宫城1号基址上层殿址西墙及回廊柱础

元上都宫城1号基址上层殿址全景（南—北）

1.下层殿址G1清理现场

2.下层殿址东南角G3清理基石及汉白玉角柱残段（南—北）

元上都宫城1号基址下层殿址探沟及汉白玉角柱残段

1.下层殿址西南角G4清理现场（东—西）

2.下层殿址西南角G4清理出的汉白玉角柱（南—北）

元上都宫城1号基址下层殿址探沟

1.模印花砖（LYD1②：5）

2.C型砖（LYD1①：16）

3.D型砖（LYD1①：18）

4.F型砖（LYD1①：4）

元上都宫城1号基址出土建筑构件

1.筒瓦（LYD1①：6）

2.A型瓦当（LYD1①：15）

3.B型瓦当（LYD1①： 1）

4.滴水（LYD1①：25）

5.A型琉璃构件（LYD1①：2）

6.C型琉璃构件（LYD1①：9）

元上都宫城1号基址出土建筑构件

1.铜烟锅（LYD1①：26）

2.铜钥匙（LYD1①：27）

3.石磨棒（LYD1②：3）

元上都宫城1号基址出土铜、石器

1.犁（LYD1M：238）

2.马镫（LYD1M：239）

元上都宫城1号基址出土铁器

1.铜烟锅（LYD1①：26）

2.铜钥匙（LYD1①：27）

3.石磨棒（LYD1②：3）

元上都宫城1号基址出土铜、石器

1.石球（LYD1②：4）

2.铁辖（LYD1②：6）

3.铁箍（LYD1②：7）

元上都宫城1号基址出土石、铁器

1.A型模制花砖（LYD1M：162）

2.C型模制花砖（LYD1M：165）

3.F型模制花砖（LYD1M：169）

4.雕花砖（LYD1M：173）

元上都宫城1号基址上层殿址出土建筑构件

1.B型模制花砖（LYD1M：163）

2.D型模制花砖（LYD1M：164）

3.G型模制花砖（LYD1M：217）

4.沟纹砖（LYD1M：170）

元上都宫城1号基址上层殿址出土建筑构件

1.琉璃筒瓦（LYD1M：6）

2.E型龙纹瓦当（LYD1M：48）

3.B型兽面瓦当（LYD1M：132）

4.荷花纹滴水（LYD1M：117）

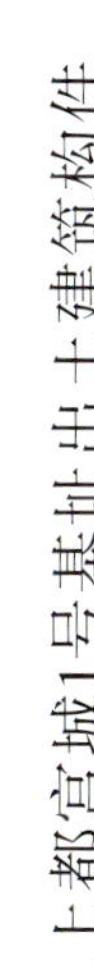

元上都宫城1号基址出土建筑构件

1.划花筒瓦（LYD1M：155）

2.鸱吻（LYD1M：200）

3.鸱吻（LYD1M：202）

4.A型龙纹瓦当（LYD1M：55）

元上都宫城1号基址上层殿址出土建筑构件

元上都宫城1号基址上层殿址出土Ⅰ式墓顶石

1.石刻左段

2.石刻中段

3.石刻右段

阿拉伯文石刻（LYD1M：221）文字细部

1.石刻粗端文字

2.石刻细端文字

阿拉伯文石刻（LYD1M：221）两端文字

1.墓顶石（LYD1M：219）侧视

2.墓顶石（LYD1M：219）粗端浮雕太阳

3.墓顶石（LYD1M：219）细端浮雕月亮

元上都宫城1号基址上层殿址出土Ⅱ式墓顶石

1.墓顶石（LYD1M：226）俯视

2.墓顶石（LYD1M：226）窄端浮雕图案

元上都宫城1号基址上层殿址出土Ⅲ式墓顶石

1.雕花构件（LYD1M：220）

2.雕花构件（LYD1①：66）

元上都宫城1号基址上层殿址出土石构件

1.石刻经板（LYD1M：228）

2.石刻经板（LYD1M：229）

元上都宫城1号基址出土石刻经板

1.犁（LYD1M：238）

2.马镫（LYD1M：239）

元上都宫城1号基址出土铁器

1.盆（LYD1F1：16）

2.钵（LYD1F1：17）

3.坩埚（LYD1F1：26）

4.坩埚（LYD1F1：25）

元上都宫城1号基址上层房址出土陶、石器

1.车轴（LYD1F1：11）

2.锥状器（LYD1F1：14）

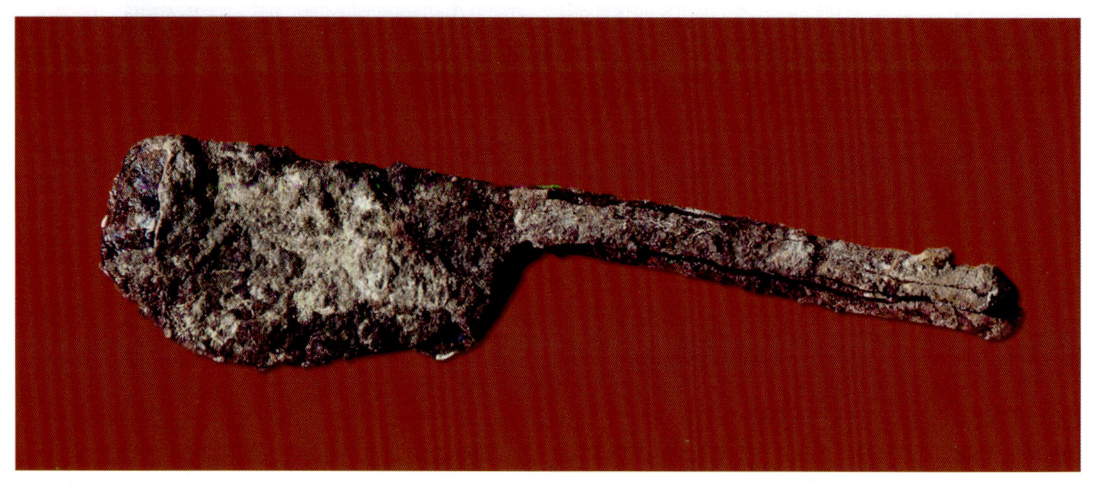

3.砍刀（LYD1G2：7）

元上都宫城1号基址出土铁器

1.砚台（LYD1F1：18）

2.石球（小，LYD1F：20；大，LYD1F1：21）

3.门臼（LYD1F1：19）

元上都宫城1号基址上层房址出土石器

2003年新建的元上都工作站及院内的部分石刻

元上都宫城1号基址下层殿址出土汉白玉角柱（LYD1G4：1）

1.汉白玉角柱西侧面

2.汉白玉角柱正面

宫城1号基址下层殿址出土汉白玉角柱（LYD1G4：1）

1.角柱上部花卉

2.角柱龙首及龙爪

汉白玉角柱（LYD1G4：1）正面上部

1.角柱龙体部分

2.角柱龙爪部分

汉白玉角柱（LYD1G4：1）正面中部

1.角柱下部龙体及花卉

2.角柱下部龙体及花卉

汉白玉角柱（LYD1G4：1）正面下部

1.角柱下部花卉（LYD1G 4：1）

2.角柱残块（LYD1G3：7）

汉白玉角柱正面下部及残块

1.角柱龙体残块（LYD1G3：3)

2.角柱花卉残块（LYD1G3：4)

3.角柱龙体残块（LYD1G3：5)

汉白玉角柱残块

1.墓地南坡局部（西南—东北）

2.墓地西坡局部（北—南）

砧子山墓地局部

1.墓地西坡（西—东）

2.墓地西坡局部（西北—东南）

砧子山墓地局部

1.DZXM1B

2.DZXM3

砧子山墓地DZXM1B、M3

1.DZXM4

2.DZXM5

砧子山墓地DZXM4、M5

1.DZXM8墓道上方铺石（南—北）

2.DZXM8墓道南端祭台（南—北）

砧子山墓地DZXM8清理

1.DZXM8墓室与墓道

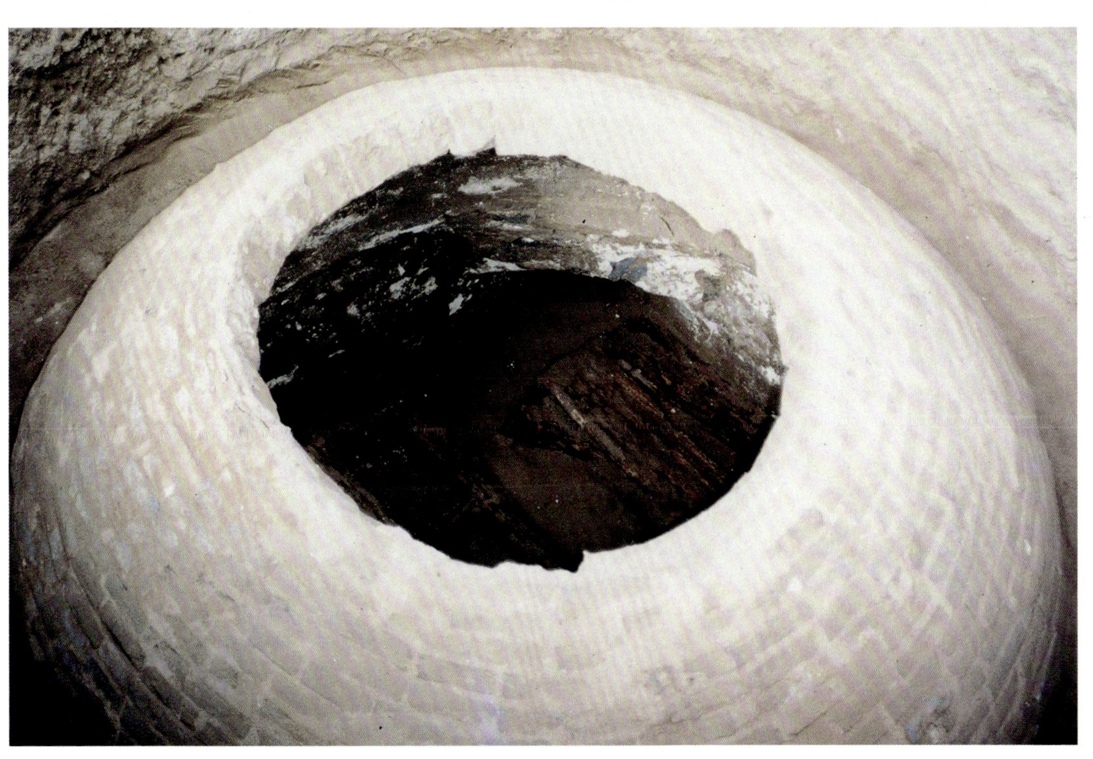

2.DZXM8墓室顶部及木棺

砧子山墓地DZXM8墓室

1.DZXM8墓顶石构件

2.DZXM8墓门封门石

砧子山墓地DZXM8墓顶石构件与墓门封门石

1.DZXM8墓门及封门砖

2.DZXM8墓道测绘

砧子山墓地DZXM8墓门

1.DZXM8木棺（南—北）

2.DZXM8随葬品（南—北）

砧子山墓地DZXM8墓室及随葬品

1.DZXM8随葬品（东—西）

2.DZXM8A尸骨包裹情况（西—东）

砧子山墓地DZXM8木棺及随葬品

1.DZXM8西侧木棺下的木炭

2.DZXM8墓室西南角堆积的木炭

砧子山墓地DZXM8墓室内木炭

1.DZXM8墓门东侧门吏

2.DZXM8墓门西侧门吏

砧子山墓地DZXM8南壁墓门两侧壁画

砧子山墓地DZXM8南壁墓门上方壁画

1.DZXM8南壁墓门上方马和人物

2.DZXM8西壁中央壁画

砧子山墓地DZXM8南、西壁壁画

1.A型罐（DZXM8：5）

2.B型罐（DZXM8：7）

3.黄釉碗（DZXM8：13）

砧子山墓地DZXM8出土瓷器

1.小口瓶（DZXM8：1）

2.小口瓶（DZXM8：4）

3.小口瓶（DZXM8：6）

4.小口瓶（DZXM8：10）

砧子山墓地DZXM8出土小口瓶

1.天目碗（DZXM8：2）

2.天目碗（DZXM8：8）

砧子山墓地DZXM8出土天目碗

1.香炉（DZXM8：11）

2.香炉（DZXM8：12）

砧子山墓地DZXM8出土香炉

1. “天下太平”春钱（DZXM8：16）

2.金戒指（DZXM8：15）

3.银带扣（DZXM8：21）

4.银镯（DZXM8：17）

5. “大观通宝”（DZXM8：30）、
“大元通宝”（DZXM8:3）铜圜钱

6.铜圜钱（DZXM8：60）

砧子山墓地DZXM8出土器物

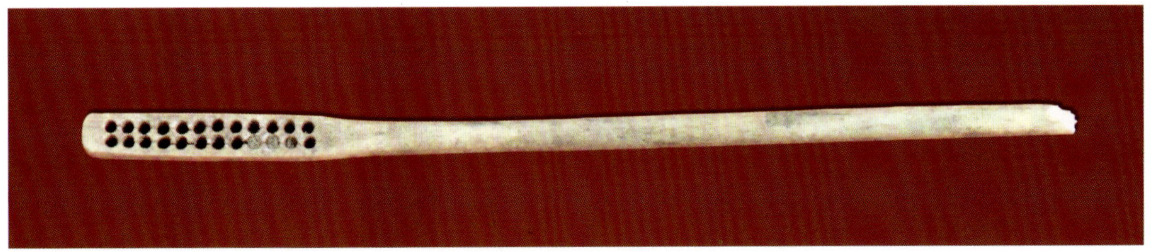

1.骨牙刷柄（DZXM8：23）

2.银双鱼纹佩饰（DZXM8：18）

3.石雕屋顶（DZXM8：26）

砧子山墓地DZXM8出土器物

1.小口瓶（DZXM10：3）

2.小口瓶（DZXM10：2）

3.小口瓶（DZXM10：1）

4.小口瓶（DZXM10：4）

砧子山墓地DZXM10出土小口瓶

1.小口瓶（DZXM10：5）

2.影青钵（DZXM10：6）

砧子山墓地DZXM10出土瓷器

1.金耳饰（DZXM10：7）

2.石饰件（DZXM10：8）

3.墨（DZXM10：11）

4.骨牙刷柄（DZXM10：9）

砧子山墓地DZXM10出土器物

1.小口瓶（DZXM11：1）

2.小口瓶（DZXM12：2）

3.石桌（DZXM11：21）

砧子山墓地DZXM11、M12出土器物

1.铜镜（DZXM12：4）

2.金箔（DZXM13：6）

3.香炉（DZXM12：3）

4.瓷罐（DZXM14：2）

砧子山墓地DZXM12、M13、M14出土器物

1.小口瓶（DZXM13：1）

2.小口瓶（DZXM13：2）

3.小口瓶（DZXM13：3）

4.小口瓶（DZXM16：2）

砧子山墓地DZXM13、M16出土小口瓶

1.小口瓶（DZXM19：2）

2.小口瓶（DZXM19：1）

3.香炉（DZXM19：3）

4.瓷罐（DZXM18：1）

砧子山墓地DZXM18、M19出土器物

1.志文细部（DZXM28：4）

2.墓志（DZXM28:4）

砧子山墓地DZXM28出土墓志

1.梅瓶（DZXM29：1）

2.梅瓶（DZXM29：2）

3.香炉（DZXM29：4）

4.带盖罐（DZXM29：3）

砧子山墓地DZXM29出土器物

1.小口瓶（DZXM35：1）

2.小口瓶（DZXM35：2）

3.香炉（DZXM35：3）

砧子山墓地DZXM35出土器物

1.小口瓶（DZXM47：1）

2.小口瓶（DZXM47：2）

3.盖罐（DZXM46：1）

4.盖罐（DZXM46：2）

砧子山墓地DZXM46、M47出土瓷器

1.小口瓶（DZXM51：1）

2.小口瓶（DZXM51：2）

3.四系小口瓶（DZXM28：1）

4.小口双耳瓶（DZXM48：1）

砧子山墓地DZXM28、M48、M51出土瓷器

1.石函（DZXM49：1）

2.石构件（DZXY16：13）

砧子山墓地DZXY16、M49出土石构件和石函

1.小口瓶（DZXM52：1）

2.小口瓶（DZXM52：2）

3.小口瓶（DZXM56：1）

砧子山墓地DZXM52、M56出土小口瓶

1.莲花纹石基座（DZXH1：1）

2.莲花纹石基座（DZXH1：2）

砧子山墓地DZXY22内DZXH1出土石构件

1.四系小口瓶（DZXM58：3）

2.四系小口瓶（DZXM59：1）

3.四系小口瓶（DZXM58：1）

4.香炉（DZXM58：4）

5.香炉（DZXM59：2）

砧子山墓地DZXM58、M59出土器物

1.瓷罐（DZXM60：1）

2.瓷罐（DZXM60：2）

3.平底铜杯（DZXM60：4）

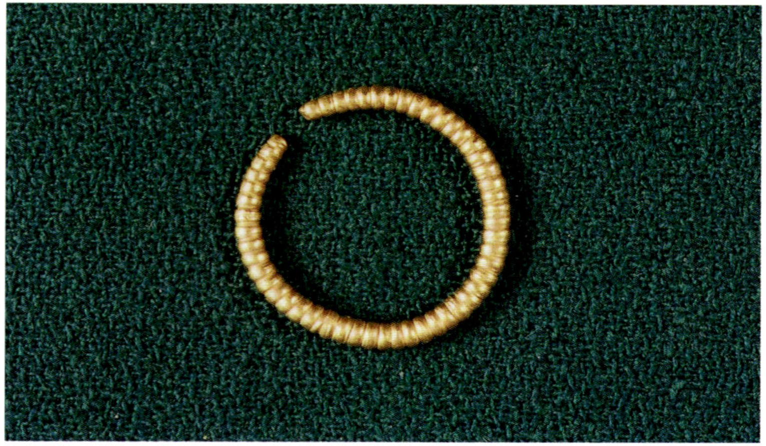

4.金耳饰（DZXM60：10）

砧子山墓地DZXM60出土器物

1.小口双耳瓶（DZXM61：1）

2.小口瓶（DZXM63：1）

3.小口瓶（DZXM63：2）

4.小口瓶（DZXM65：1）

砧子山墓地DZXM61、M63、M65出土小口瓶

砧子山墓地DZXM64出土瓷盘

1.A型瓷盘（DZXM64：8）

2.A型瓷盘（DZXM64：10）

3.B型瓷盘（DZXM64：9）

4.B型瓷盘（DZXM64：11）

1.漆器墨书（DZXM64：13）

2.陶釜（DZXM64：12）

砧子山墓地DZXM64出土器物

1.左，A型（DZXM64：16）；中，B型（DZXM64：17）；右，A型（DZXM64：15）

2.左，C型（DZXM64：19）；右，C型（DZXM64：18）

砧子山墓地DZXM64出土雕刻骨饰片

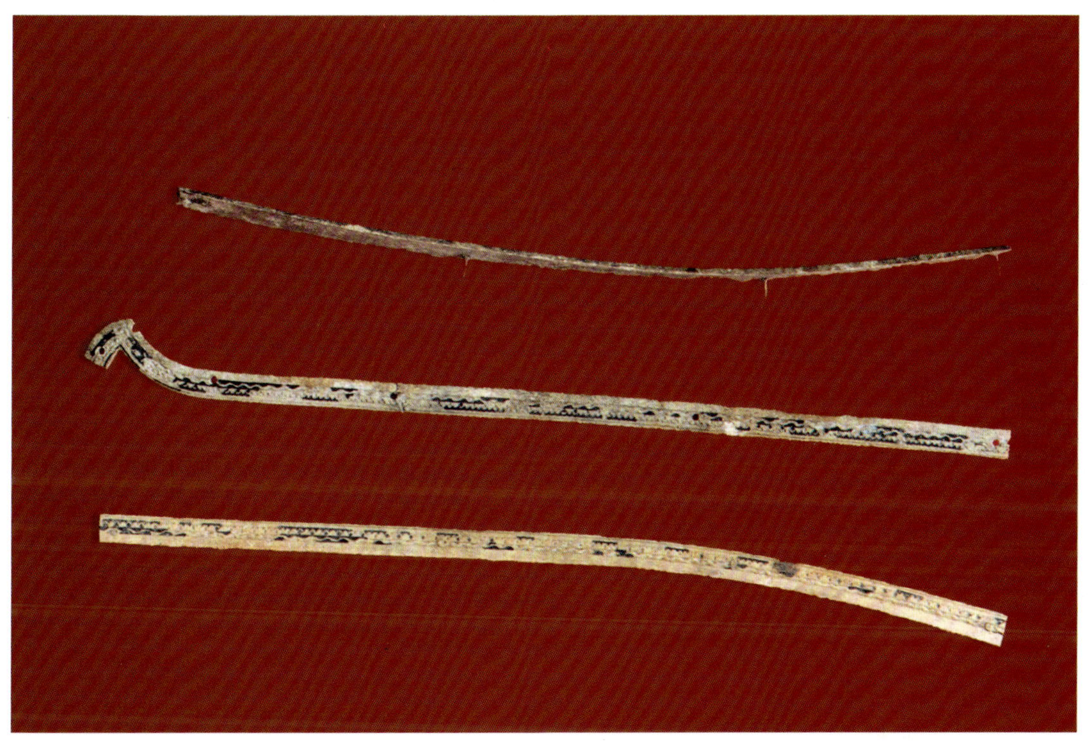

1.骨装饰条（上，B型（DZXM64：21）;中，A型（DZXM64：20）;下，B型（DZXM64：22）

2.石珠饰（DZXM64：25）

砧子山墓地出土骨装饰条和石珠饰

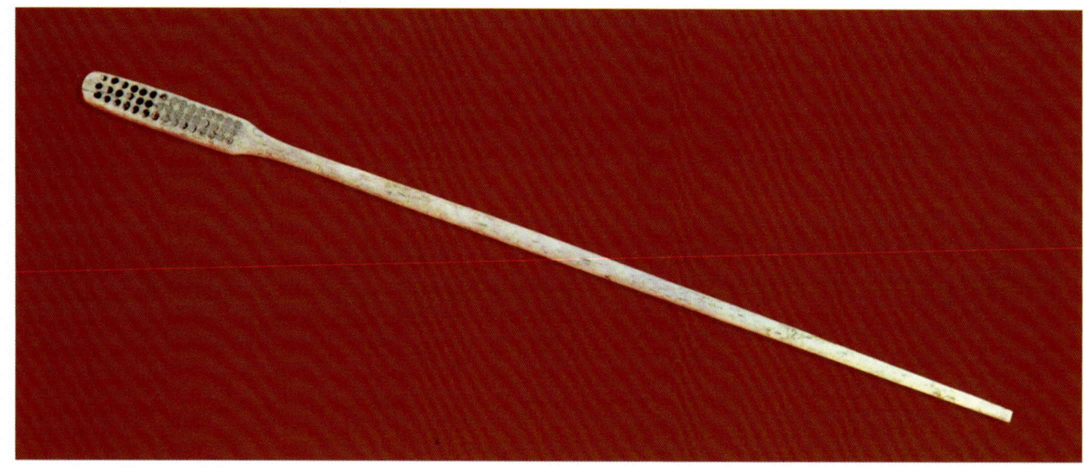

1.骨牙刷柄（DZXM64：14）

2.玉饰件（DZXM64：35）

3.白铜簪（DZXM64：36）

砧子山墓地DZXM64出土器物

1.铜镜（DZXM66：1）

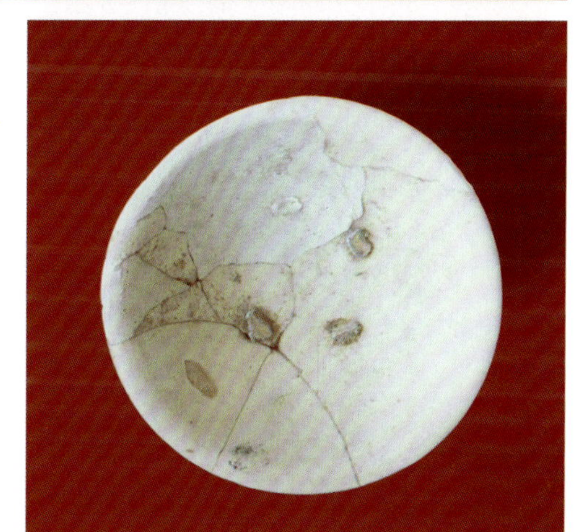

2.瓷碗（DZXM71：2）

3.铁镞（DZXM76：5）

砧子山墓地DZXM66、M71、M76出土器物

1.敛口罐（DZXM67：1）

2.小口瓶（DZXM67：3）

3.小口瓶（DZXM67：4）

砧子山墓地DZXM67出土瓷器

1.影青香炉（DZXM67：2）

2.釉陶香炉（DZXM74：3）

砧子山墓地DZXM67、M74出土香炉

1.梅瓶（DZXM70：1）

2.罐（DZXM70：2）

3.罐（DZXM70：3）

砧子山墓地DZXM70出土瓷器

1.罐（DZXM74：4）

2.梅瓶（DZXM74：2）

3.梅瓶（DZXM75：1）

砧子山墓地DZXM74、M75出土瓷器

1.小口瓶（DZXM76：1）

2.罐（DZXM79：1）

3.罐（DZXM81：1）

砧子山墓地DZXM76、M79、M81出土瓷器

1.石狮（DZXM76：9）

2.石羊头（DZXM76：10）

3.花砖（DZXM76：15）

砧子山墓地DZXM76出土石刻、花砖

1.双耳罐（DZXM77：3）

2.四系小口瓶（DZXM77：1）

3.四系小口瓶（DZXM77：2）

砧子山墓地DZXM77出土瓷器

1.小口瓶（DZXM83：1）

2.小口瓶（DZXM83：2）

3.小口瓶（DZXM83：3）

4.小口瓶（DZXM83：4）

砧子山墓地DZXM83出土小口瓶

1.小口瓶（LWM1：1）

2.钱币（LWM1）

卧牛石墓地LWM1出土器物

1.小口瓶（LWM2：1）

2.上、A型琥珀饰片（LWM2：9）；
下、B型琥珀饰片（LWM2：10）

3.钱币（LWM3）

卧牛石墓地LWM2、M3出土器物

1.梅瓶（LWM3：1）

2.梅瓶（LWM3：2）

卧牛石墓地M3出土梅瓶

1.LYM1全景（西—东）

2.LYM20全景（北—南）

一棵树墓地LYM1、M20

1.LYM21木棺内桦树皮箭箙局部（东—西）

2.LYM22全景（北—南）

一棵树墓地LYM21、M22

1.左，铜镜（LYM5：1)；右，铜镜（LYM16：1）

2.银壶（LYM15：1）

3.左，铜管状器（LYM14：②）
右，铜管状器（LYM14：③）

一棵树墓地LYM5、M14、M15、M16出土器物

1.马镫（LYM21：1）

2.熨斗（LYM22：1）

一棵树墓地LYM21、M22出土铁器

1.乌宁巴图苏木都毕山湾内的积石墓

2.都毕的长方形石板墓

正镶白旗元代墓葬调查

1.八思巴文墓碑

2.调查队员在石碑前合影　1999年
（左起：那玮、杨春文、德力格尔、宝勒嘎、苏宁、刘洪元、魏坚、季华、王勇、王学英）

正镶白旗元代墓葬调查

1.铜镜（BWSM2：1）

2.铜镜（BWSM3：1）

三面井墓地BWSM2、M3出土铜镜

1.铜镜（BWSM5：1）

2.铜镜（BWSM10：1）

三面井墓地BWSM5、M10出土铜镜

1.铁熨斗（BWSM5：5）

2.骨器（BWSM6：5）

3.铜簪（BWSM10：4）

三面井墓地BWSM5、M6、M10出土器物

1.固姑冠（BWSM10：6）

2.铅纺轮（BWSM10：2）

三面井墓地BWSM10出土固姑冠和纺轮

1.乌兰沟墓地调查

2.乌兰沟墓地墓葬地表的积石

镶黄旗乌兰沟元代墓地调查

羊群庙山湾内祭祀遗址全景（东北—西南）

1.一至三号祭祀遗址分布（北一南）

2.一号祭祀遗址俯瞰（北一南）

羊群庙祭祀遗址分布

羊群庙祭祀遗址远眺（东北—西南）

1.一号祭祀遗址地表

2.一号石雕像及供台

羊群庙一号祭祀遗址地表及石雕像出土情况

1.一号石雕像后的石砌供台和小罐

2.一号祭祀遗址全景（东北—西南）

羊群庙一号祭祀遗址全景及供台

1.一号祭祀遗址全景正视（东—西）

2.一号祭台地面夯土解剖（北—南）

羊群庙一号祭祀遗址正视及祭台解剖

1.一号祭台地面、地下解剖（东北—西南）

2.一号祭台解剖远视（东—西）

羊群庙一号祭祀遗址祭台解剖

羊群庙一号祭祀遗址石雕像

1.一号石雕像正面

2.一号石雕像足部

羊群庙一号祭祀遗址石雕像正面及足部

1.一号石雕像右侧面

2.一号石雕像右侧面佩饰细部

羊群庙一号祭祀遗址石雕像右侧面

1.一号石雕像左侧面

2.一号石雕像左侧面佩饰细部

羊群庙一号祭祀遗址石雕像左侧面

1.一号石雕像背 面

2.一号石雕像座椅后背花卉图案

羊群庙一号祭祀遗址石雕像背面

1.一号石雕像背部龙纹图案

2.一号石雕像肩部龙纹图案

羊群庙一号祭祀遗址石雕像服饰图案细部

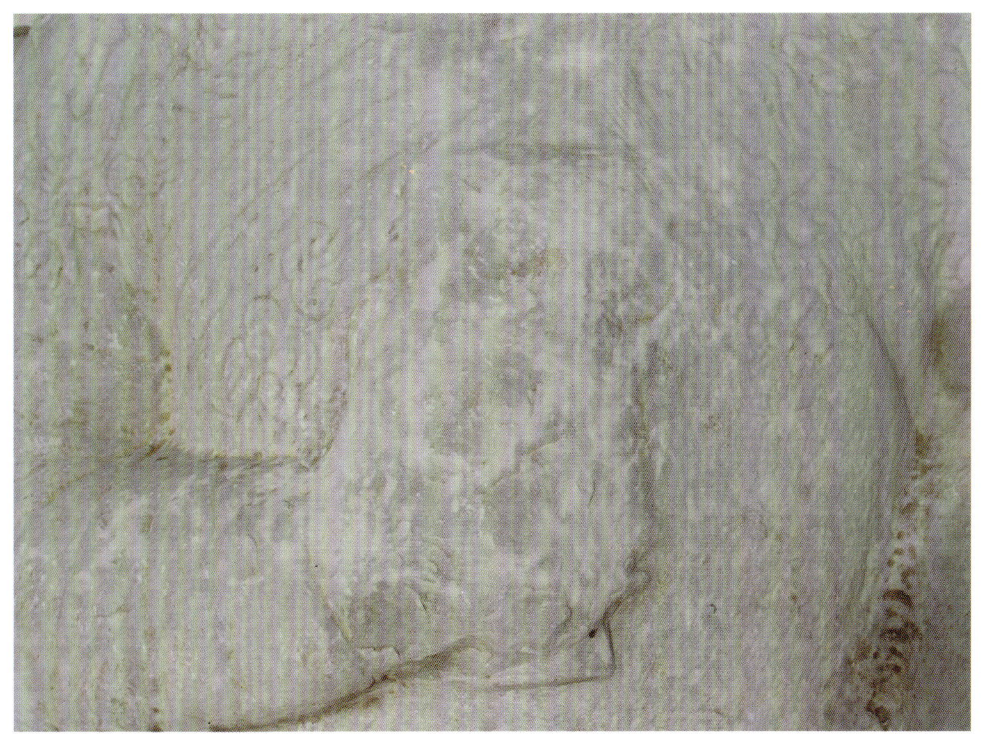

1.一号石雕像右手握杯细部

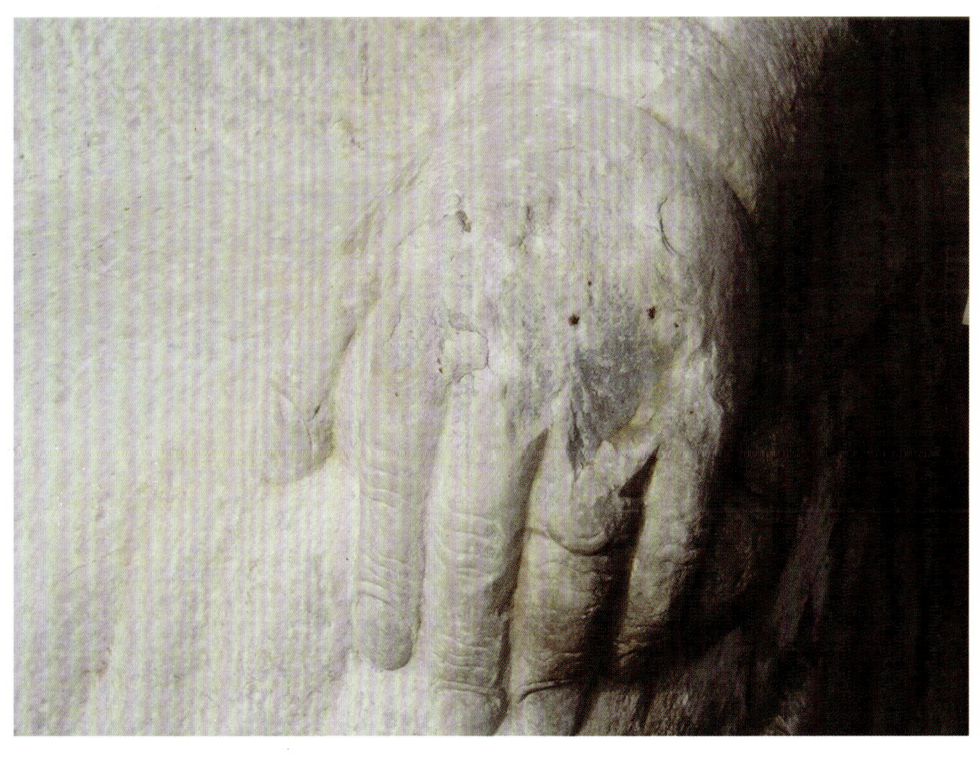

2.一号石雕像左手细部

羊群庙一号祭祀遗址石雕像左、右手细部

1.二号祭祀遗址地表

2.二号祭祀遗址祭台砖、石包砌情况（西南—东北）

羊群庙二号祭祀遗址地表和祭台

1.二号祭台西面夯土和砖、石包砌情况（南—北）

2.二号祭台南面夯土和砖、石包砌情况（西—东）

羊群庙二号祭祀遗址祭台构筑情况

1.二号石雕像正面

2.二号石雕像足部

羊群庙二号祭祀遗址石雕像正面及足部

1.二号石雕像右侧面

2.二号石雕像右侧面佩饰细部

羊群庙二号祭祀遗址石雕像右侧面

1.二号石雕像左侧面

2.二号石雕像左侧面佩饰细部

羊群庙二号祭祀遗址石雕像左侧面

1.二号石雕像背面

2.二号石雕像左侧云肩及花卉图案

羊群庙二号祭祀遗址石雕像背面和肩部

1.三号石雕像正面

2.三号石雕像足部

羊群庙三号祭祀遗址石雕像正面及足部

1.三号石雕像右侧面

2.三号石雕像右侧面佩饰细部

羊群庙三号祭祀遗址石雕像右侧面

1.三号石雕像左侧面

2.三号石雕像左侧面佩饰细部

羊群庙三号祭祀遗址石雕像左侧面

1.三号石雕像背面

2.三号石雕像座椅后背花卉图案

羊群庙三号祭祀遗址石雕像背面

1.三号石雕像肩背部龙纹图案

2.三号石雕像胸肩部龙纹图案

羊群庙三号祭祀遗址石雕像胸、背龙纹图案

1.四号祭祀遗址地表

2.四号祭祀遗址祭台及石雕像出土情况

羊群庙四号祭祀遗址地表及清理现场

1.LYKM1地表石围墙

2.LYKM1人骨及陪葬品

3.LYKM4B人骨及木棺

羊群庙墓葬清理

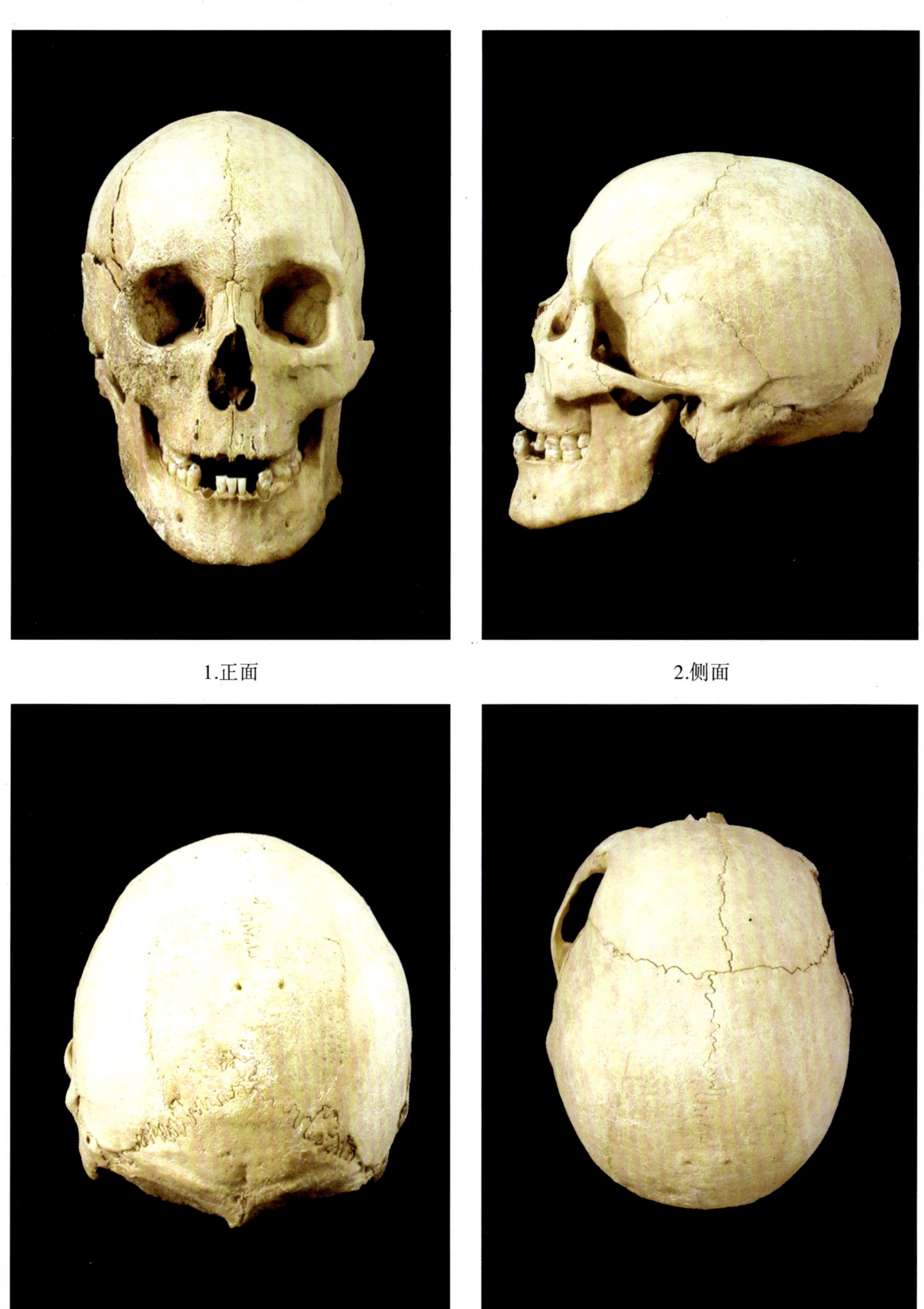

1.正面　2.侧面

3.后面　4.顶面

砧子山墓地DZXM7头骨

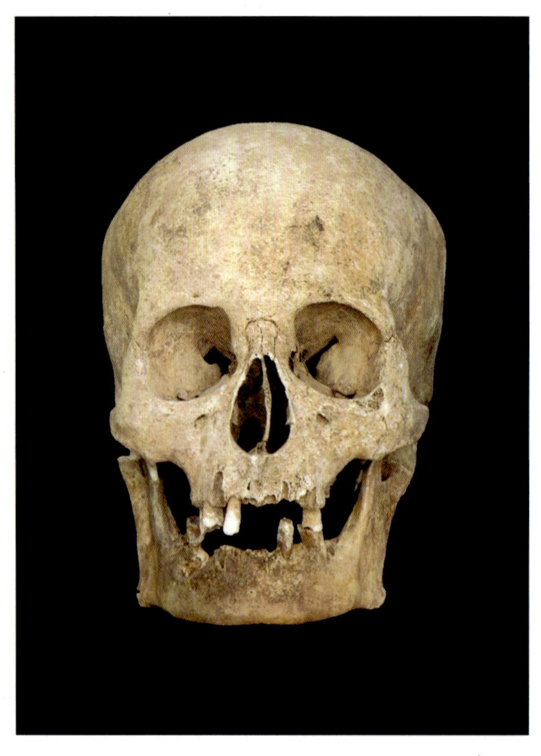

1.正面

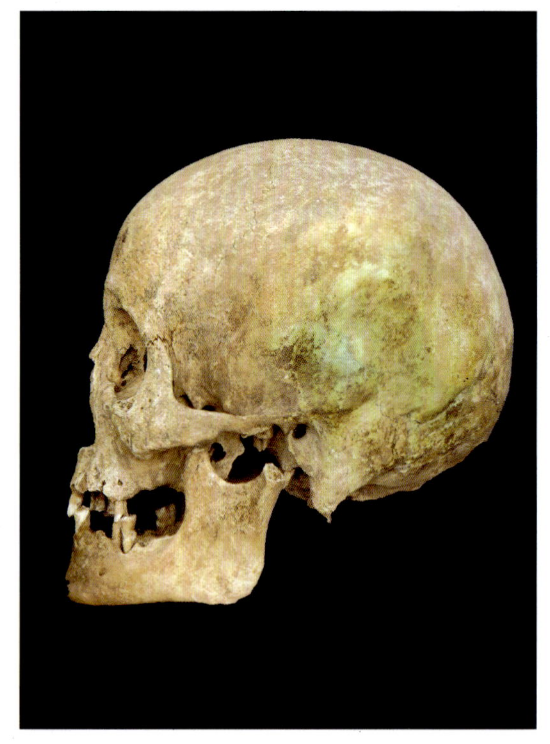

2.侧面

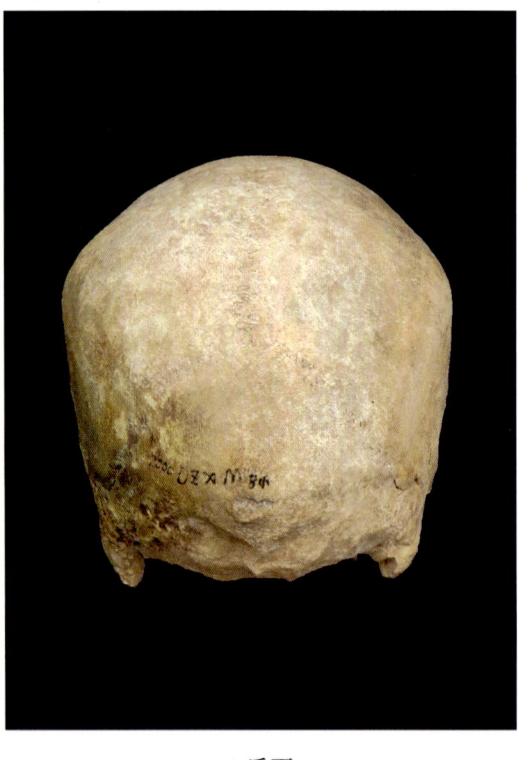

3.后面

4.顶面

砧子山墓地DZXM8-1头骨及牙周病例

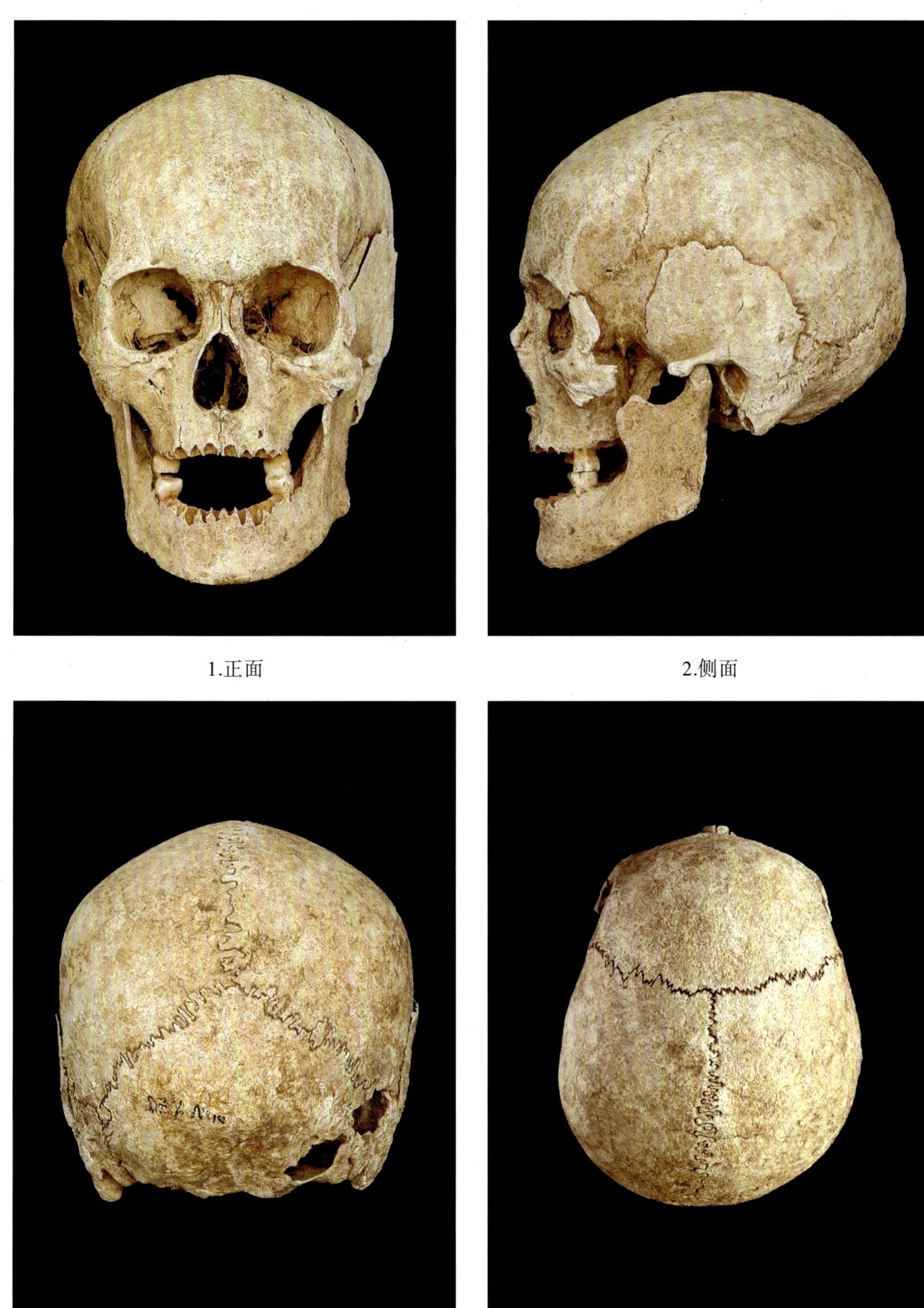

1.正面　2.侧面

3.后面　4.顶面

砧子山墓地DZXM10头骨

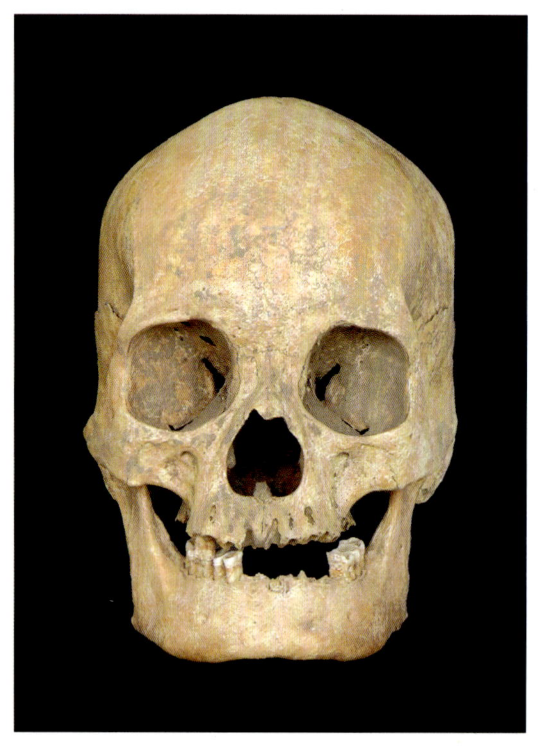

1.正面

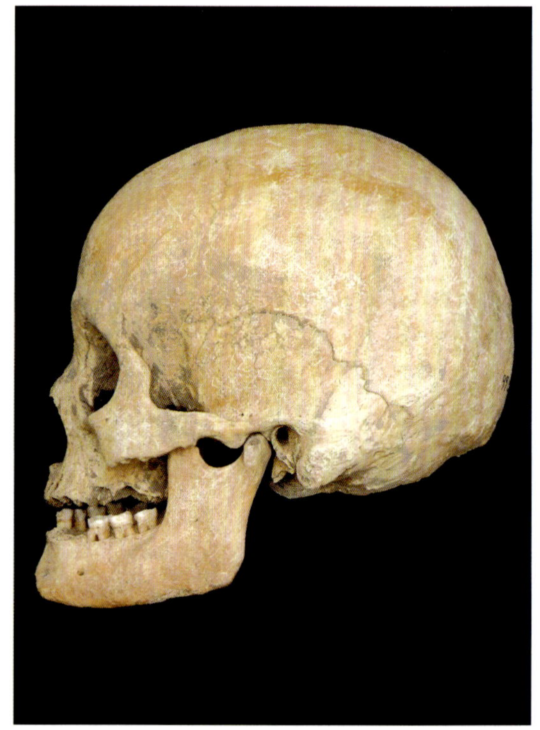

2.侧面

3.后面

4.顶面

砧子山墓地DZXM25头骨

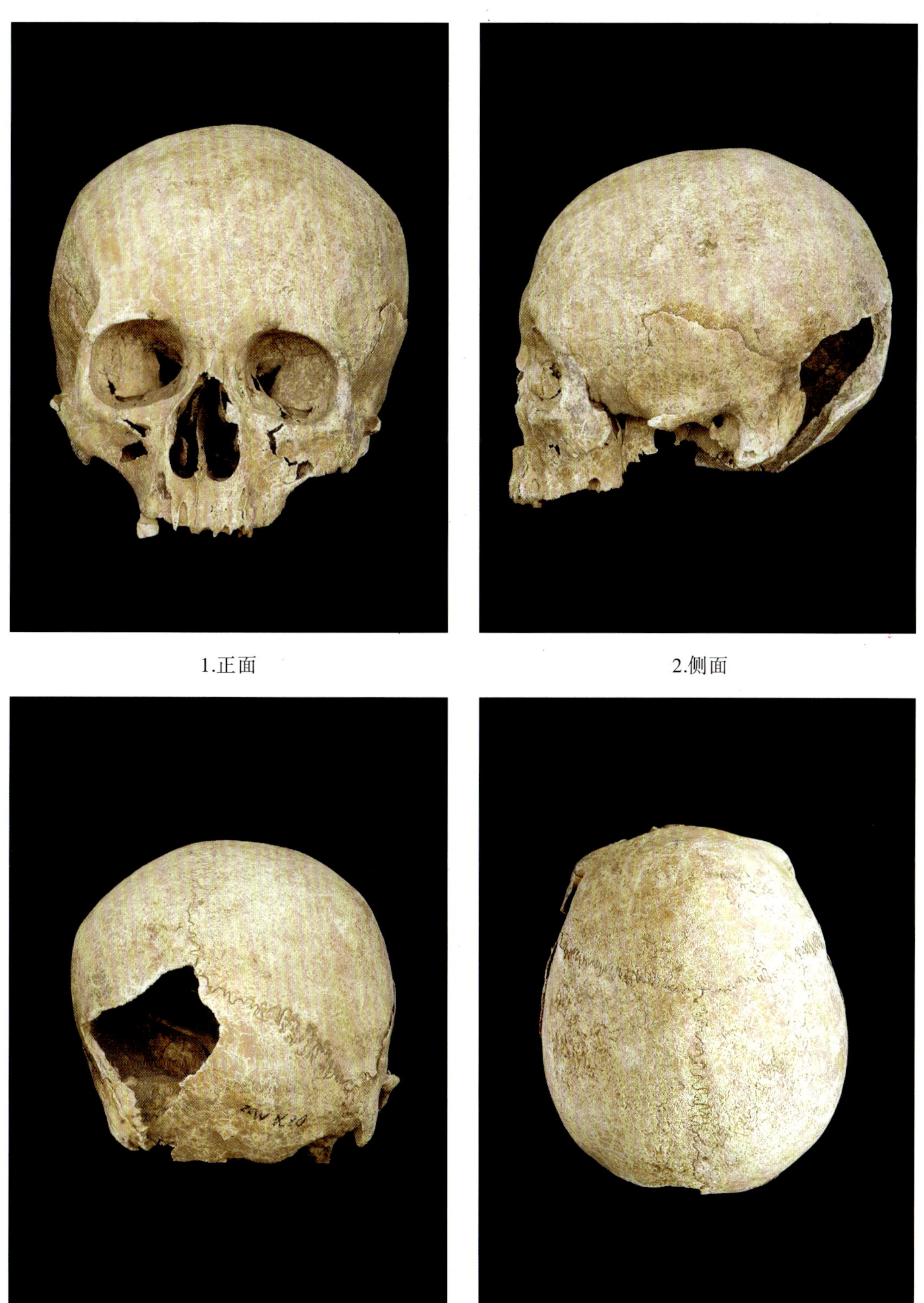

1.正面　　2.侧面

3.后面　　4.顶面

砧子山墓地DZXM32头骨

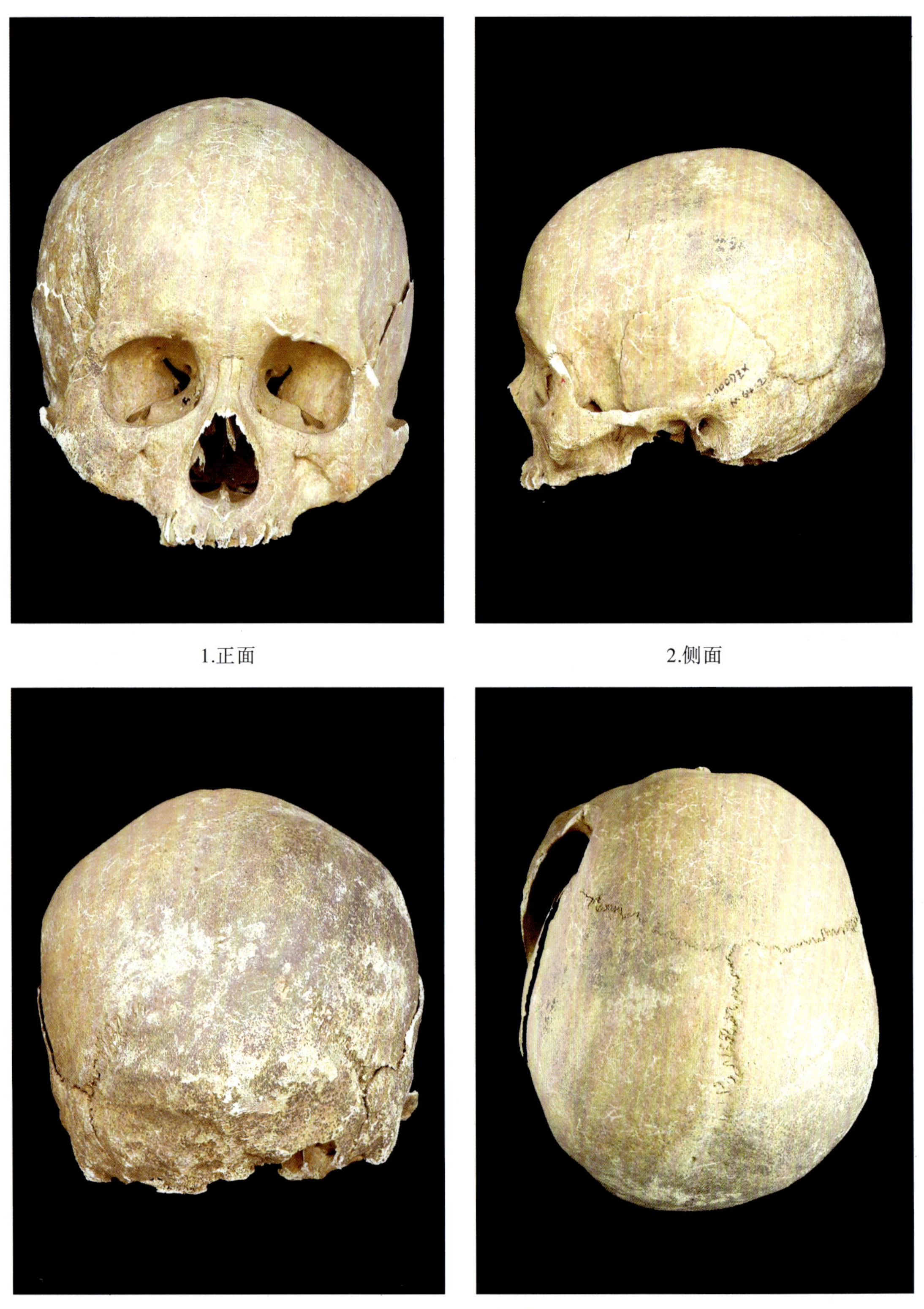

1.正面　2.侧面

3.后面　4.顶面

砧子山墓地DZXM64-2头骨

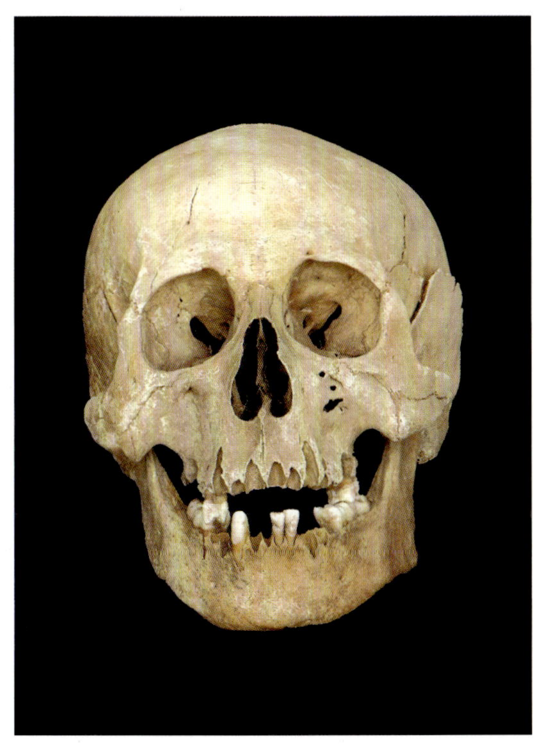

1.正面

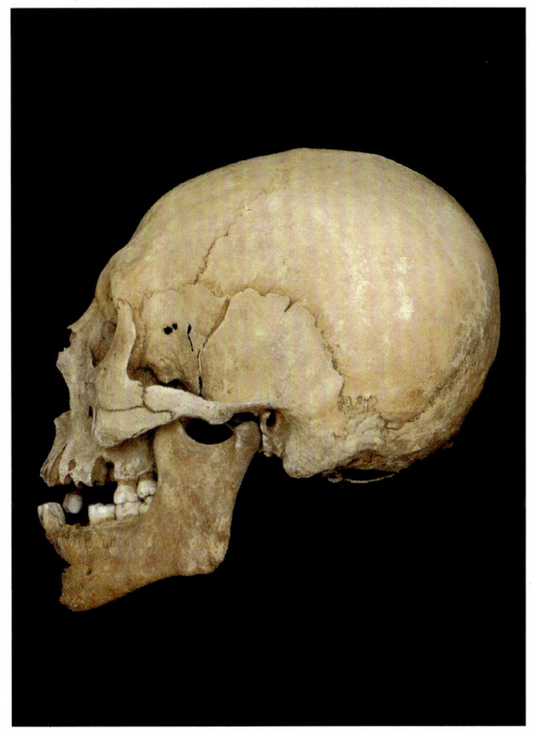

2.侧面

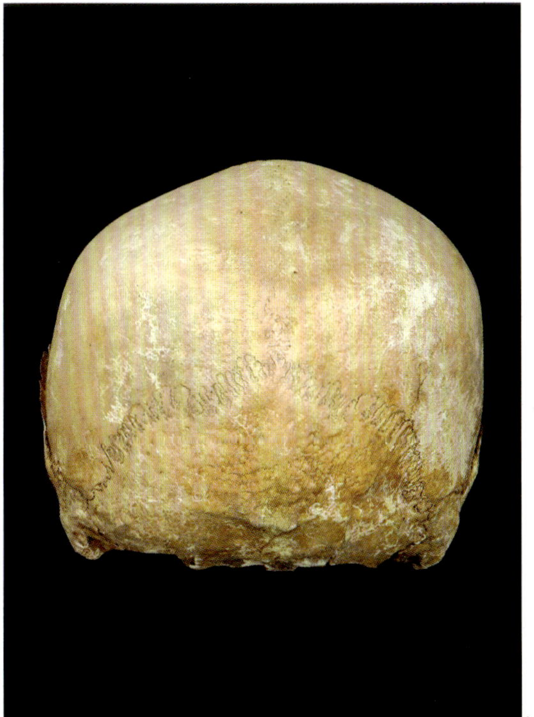

3.后面

4.顶面

砧子山墓地DZXM68头骨

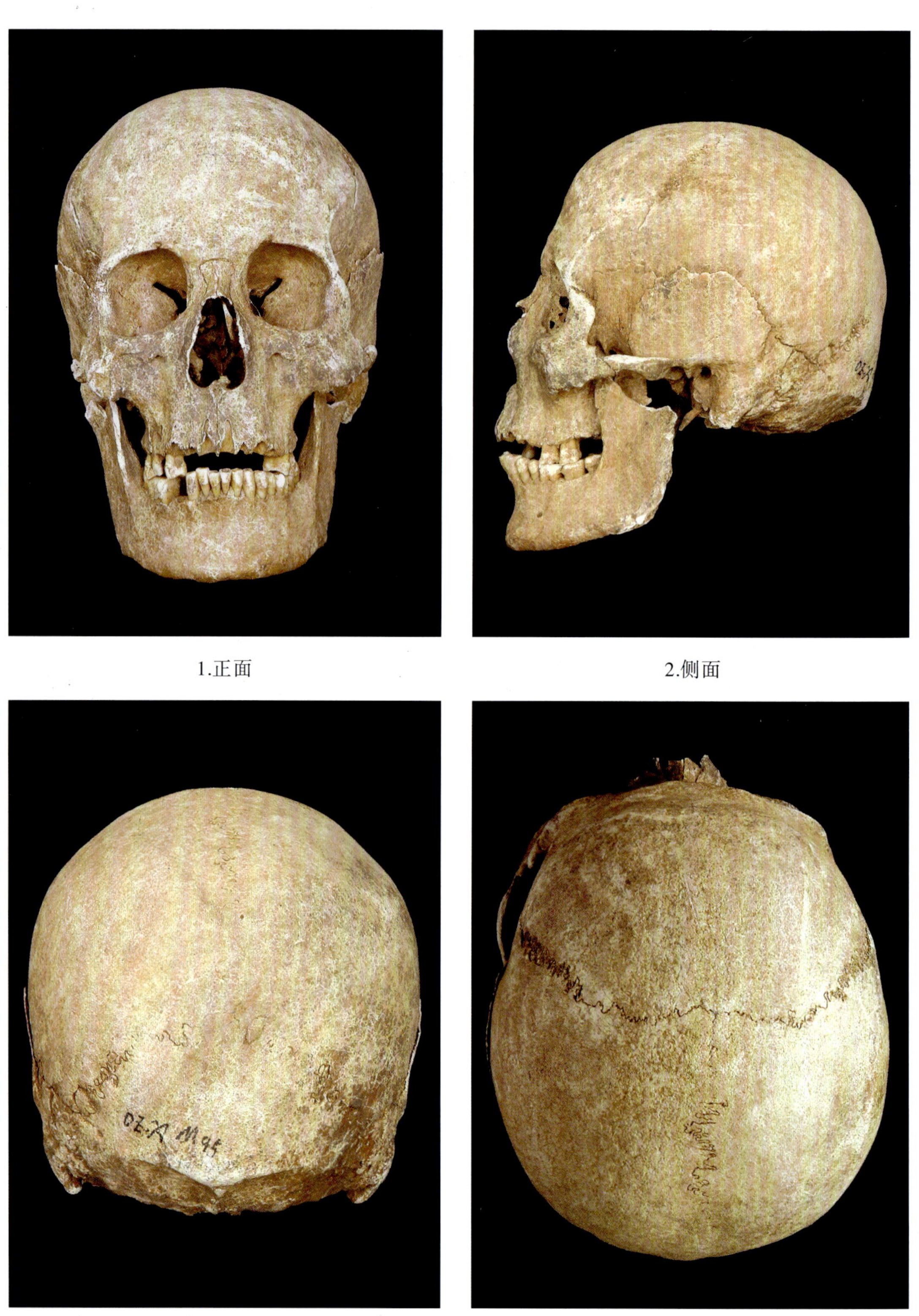

1.正面　2.侧面

3.后面　4.顶面

砧子山墓地DZXM95头骨

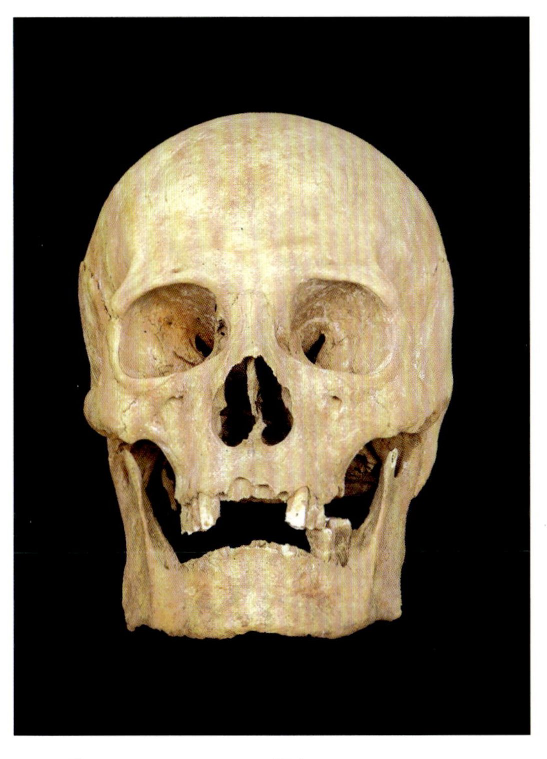
1.正面

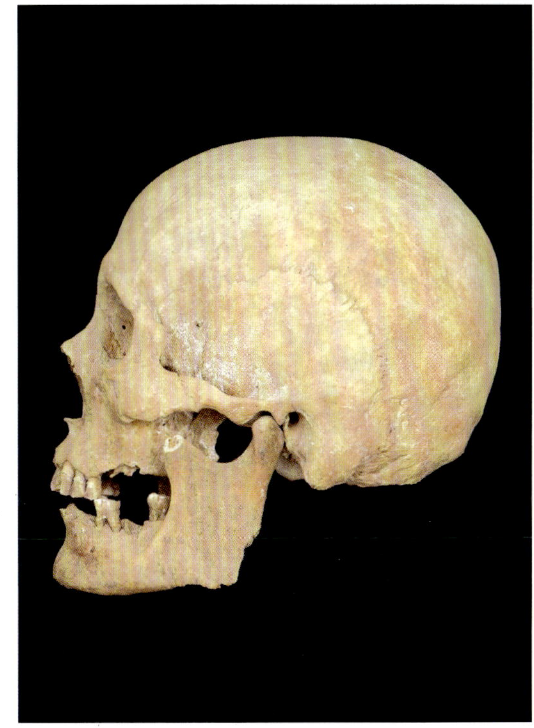
2.侧面

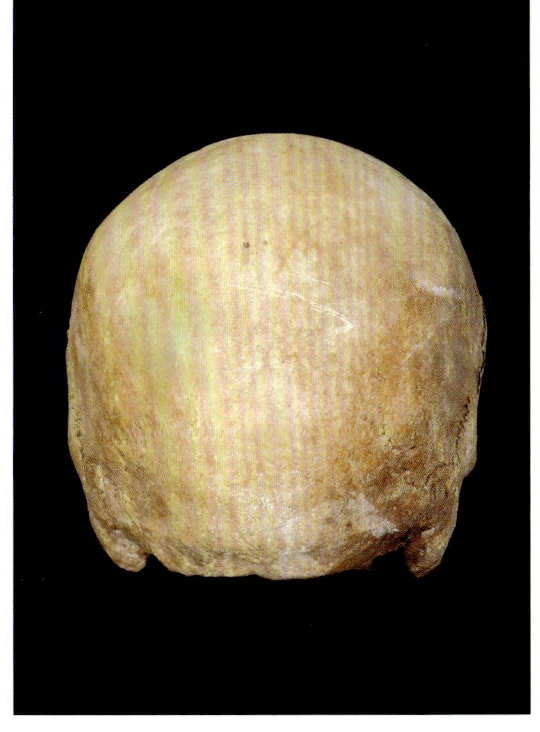
3.后面

4.顶面

砧子山墓地DZXM77头骨

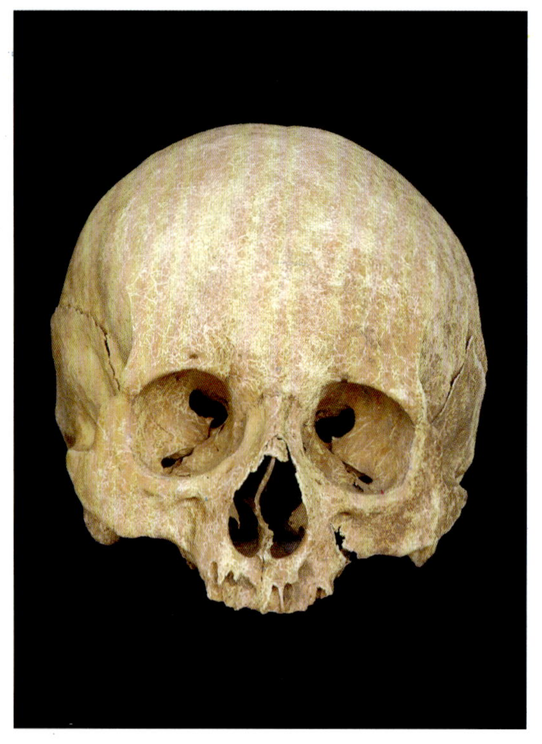

1.正面

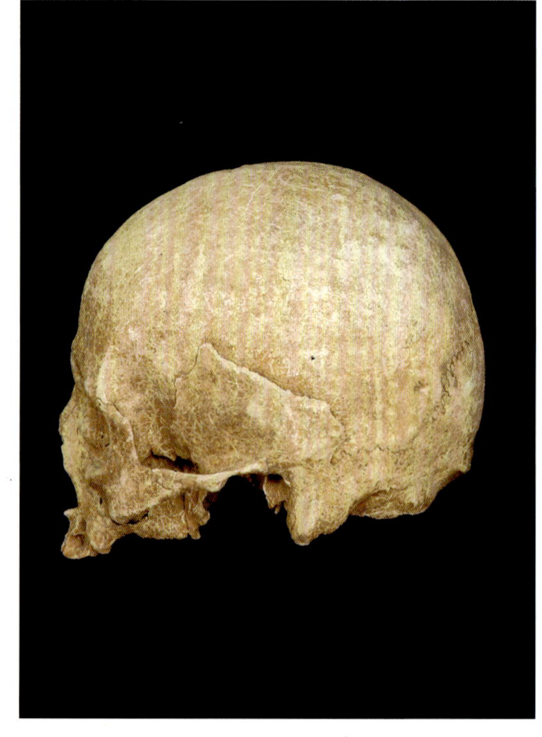

2.侧面

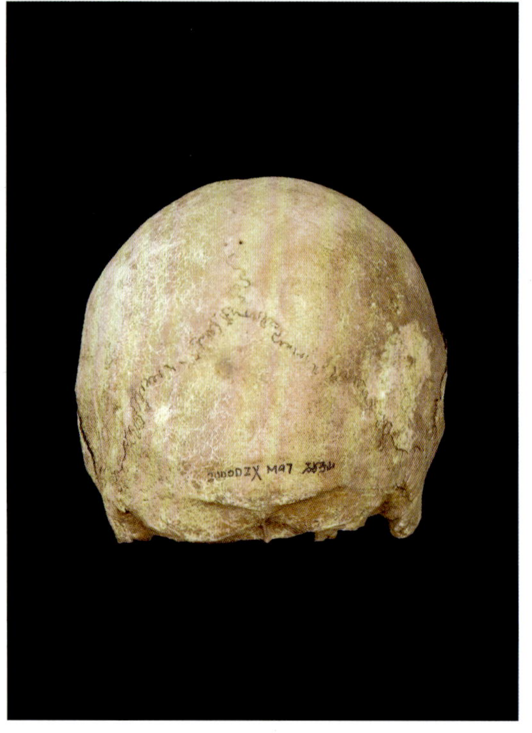

3.后面

4.顶面

砧子山墓地DZXM97头骨

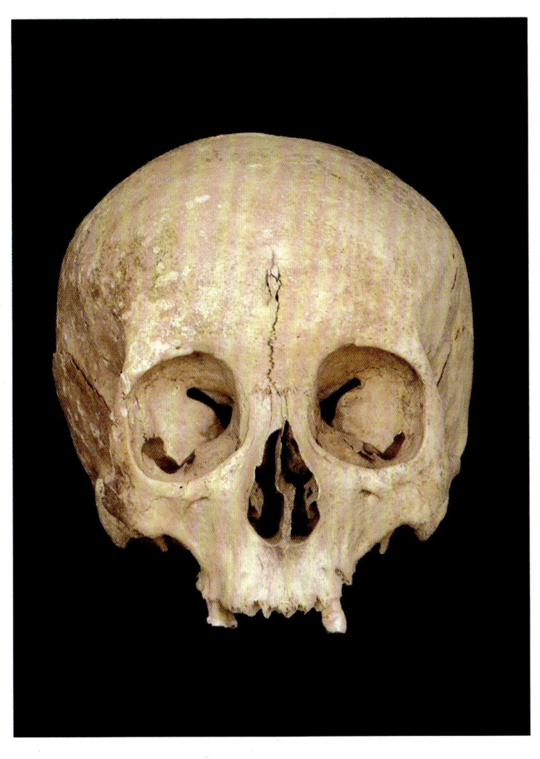

1.正面

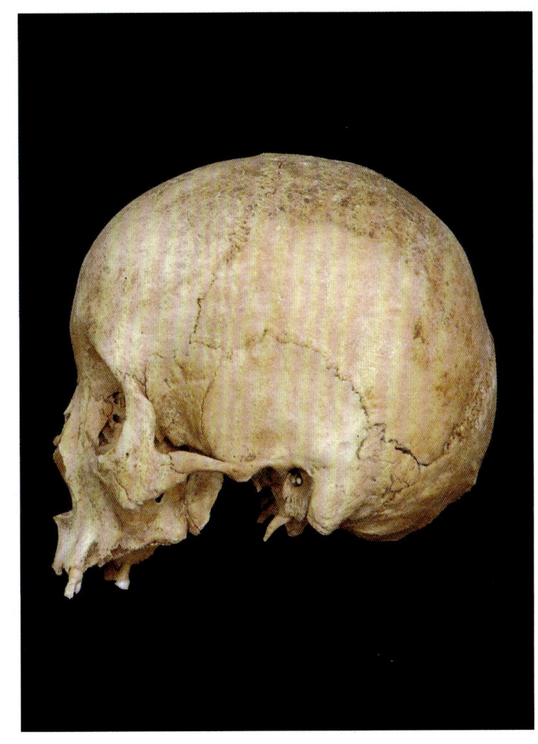

2.侧面

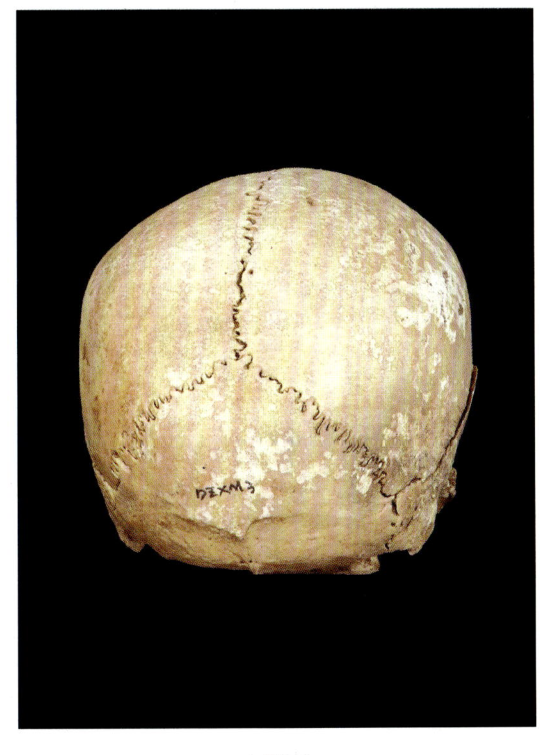

3.后面

4.顶面

砧子山墓地DZXM3头骨

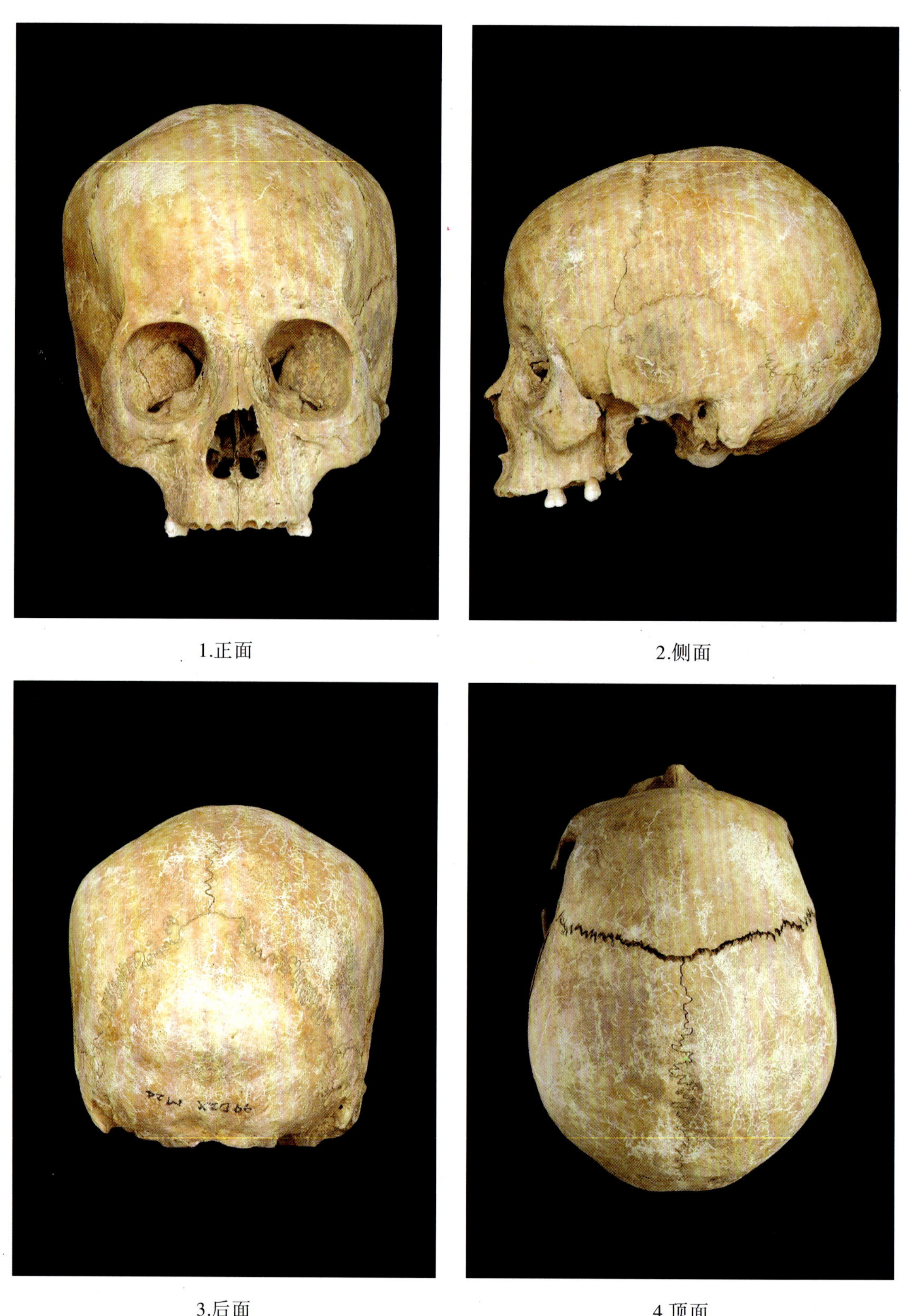

1.正面　2.侧面

3.后面　4.顶面

砧子山墓地DZXM24头骨

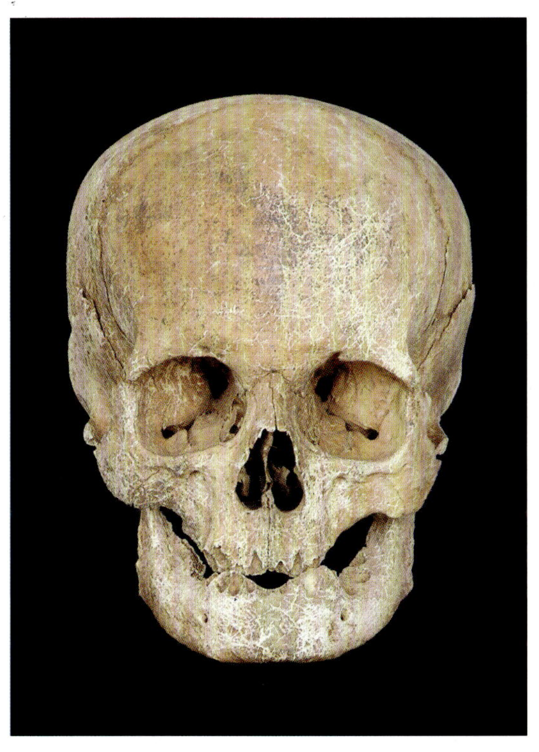

1.正面

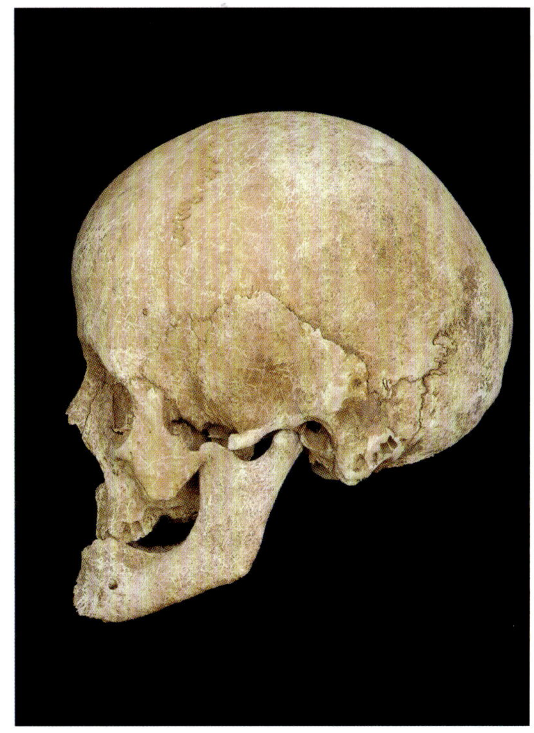

2.侧面

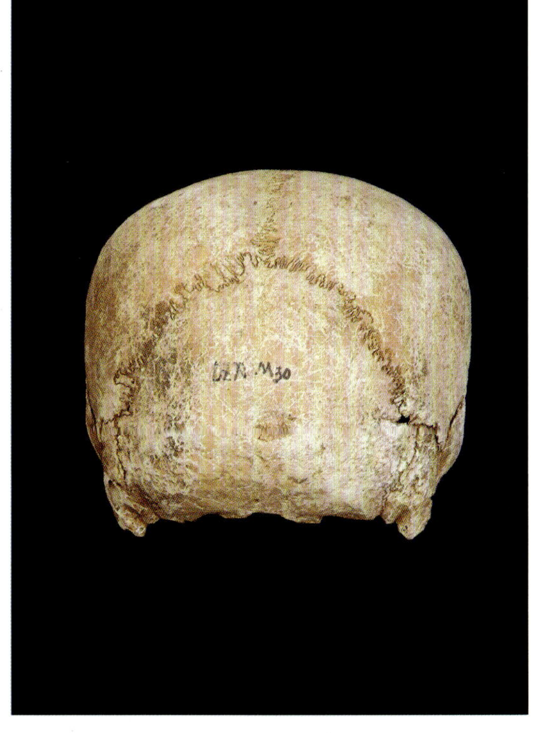

3.后面

4.顶面

砧子山墓地DZXM30头骨

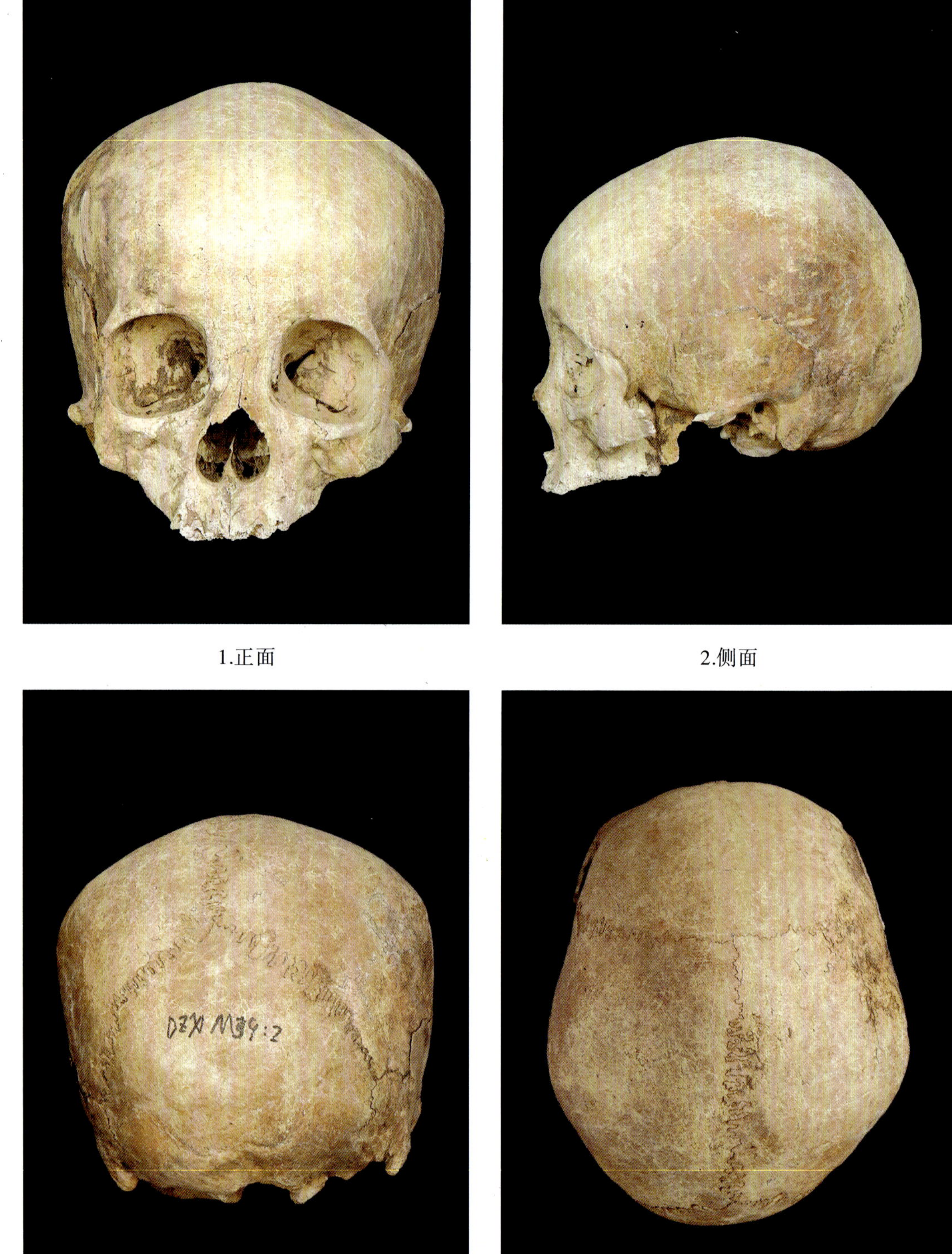

1.正面　2.侧面

3.后面　4.顶面

砧子山墓地DZXM39头骨

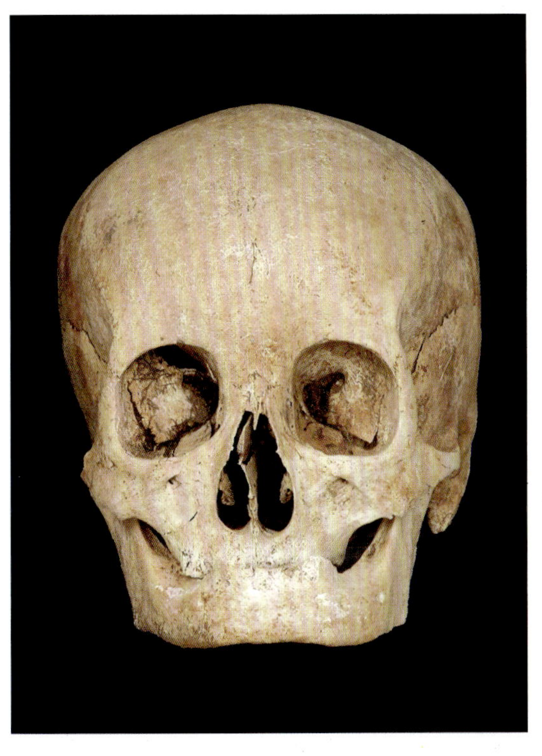

1.正面

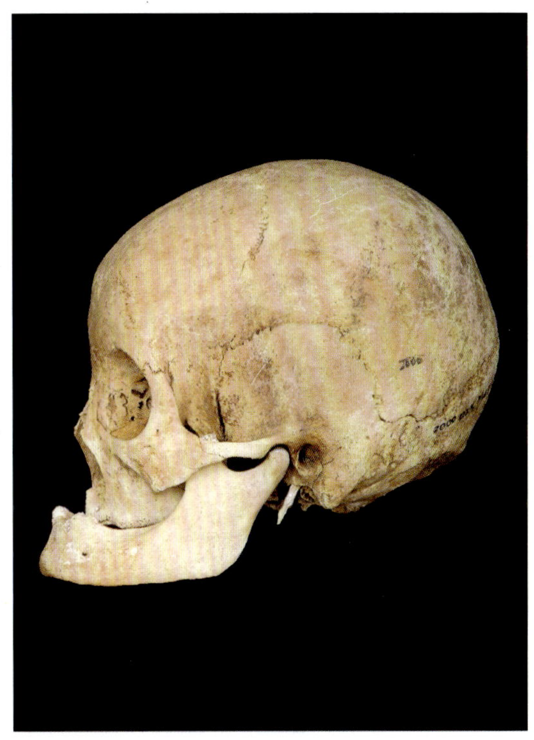

2.侧面

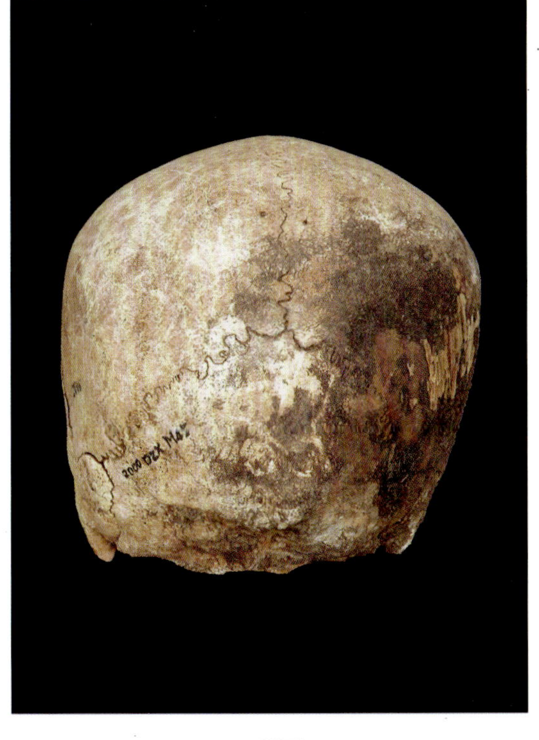

3.后面

4.顶面

砧子山墓地DZXM45头骨

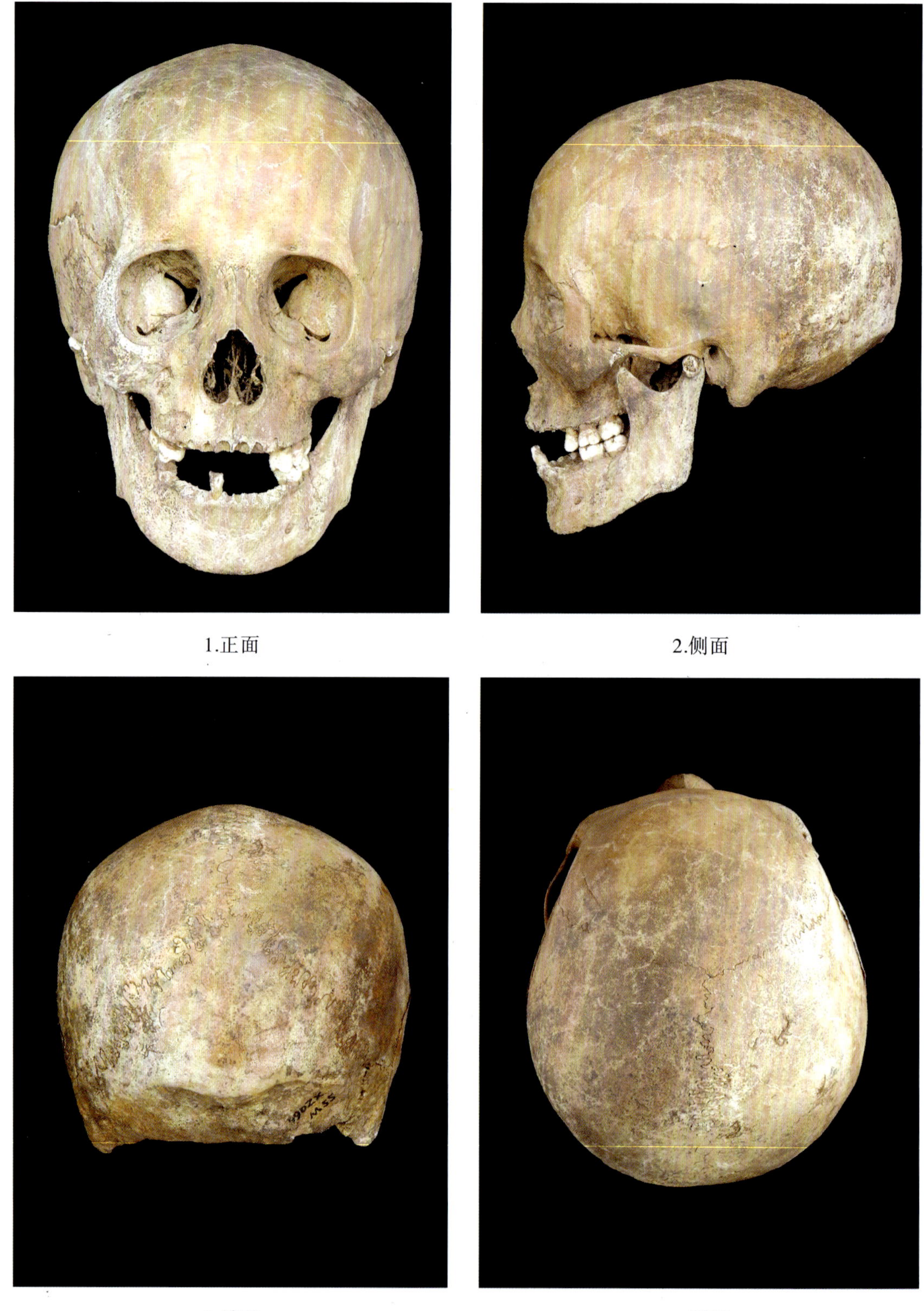

1.正面　2.侧面

3.后面　4.顶面

砧子山墓地DZXM55头骨

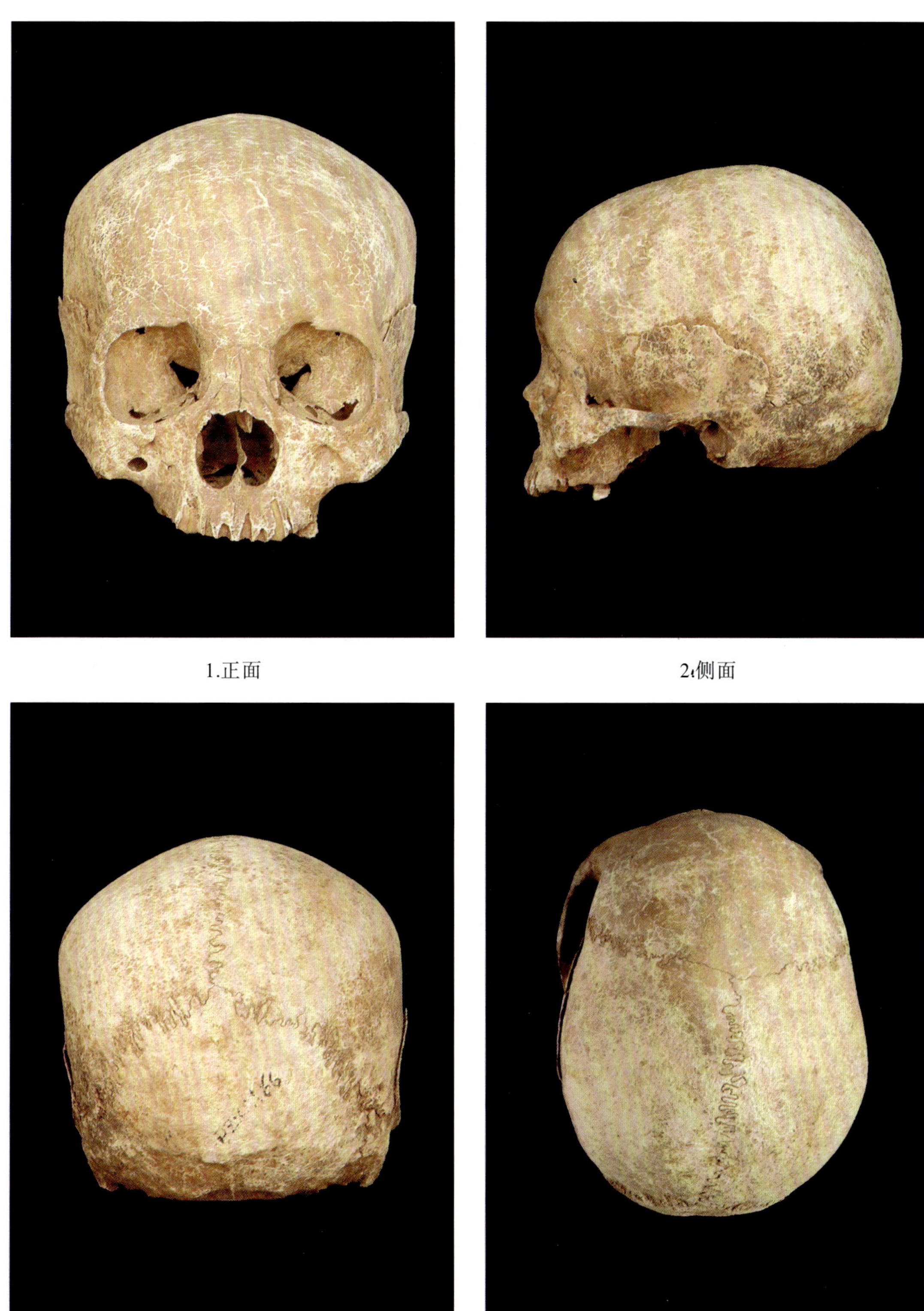

1.正面

2.侧面

3.后面

4.顶面

砧子山墓地DZXM66头骨

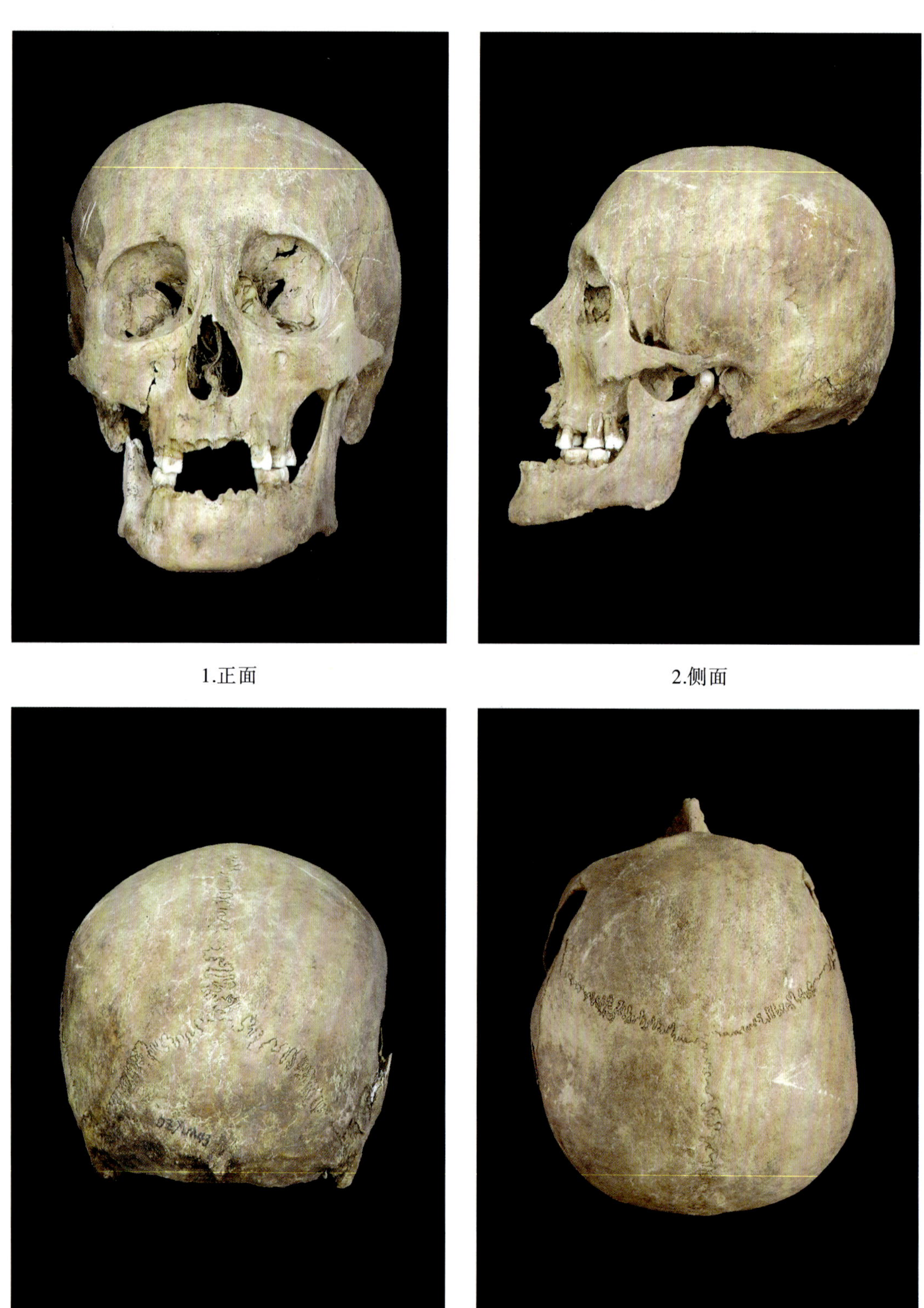

1.正面　2.侧面　3.后面　4.顶面

砧子山墓地DZXM43头骨

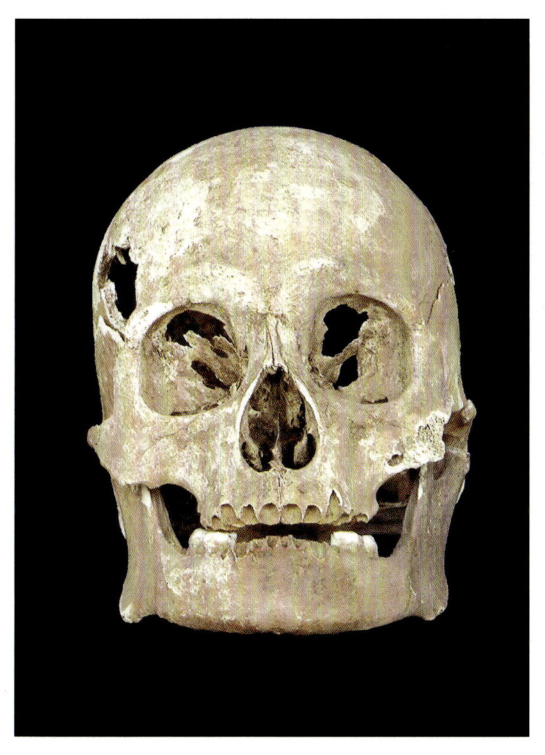

1.正面

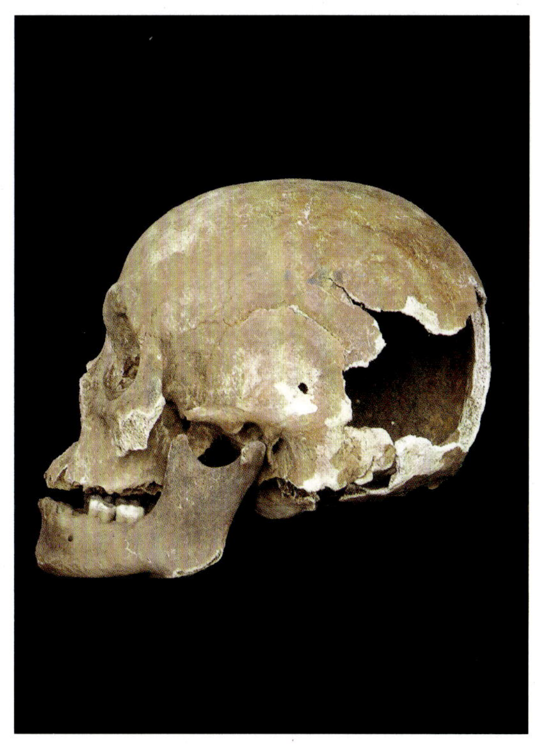

2.侧面

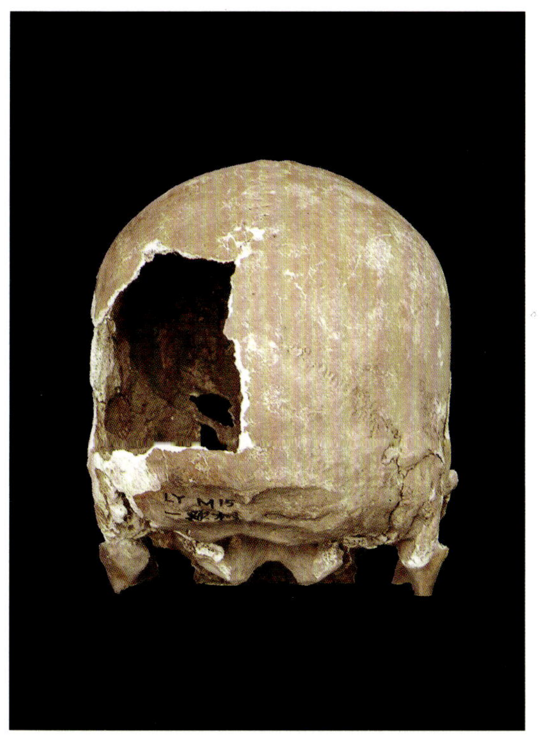

3.后面

4.顶面

一棵树墓地LYM15头骨

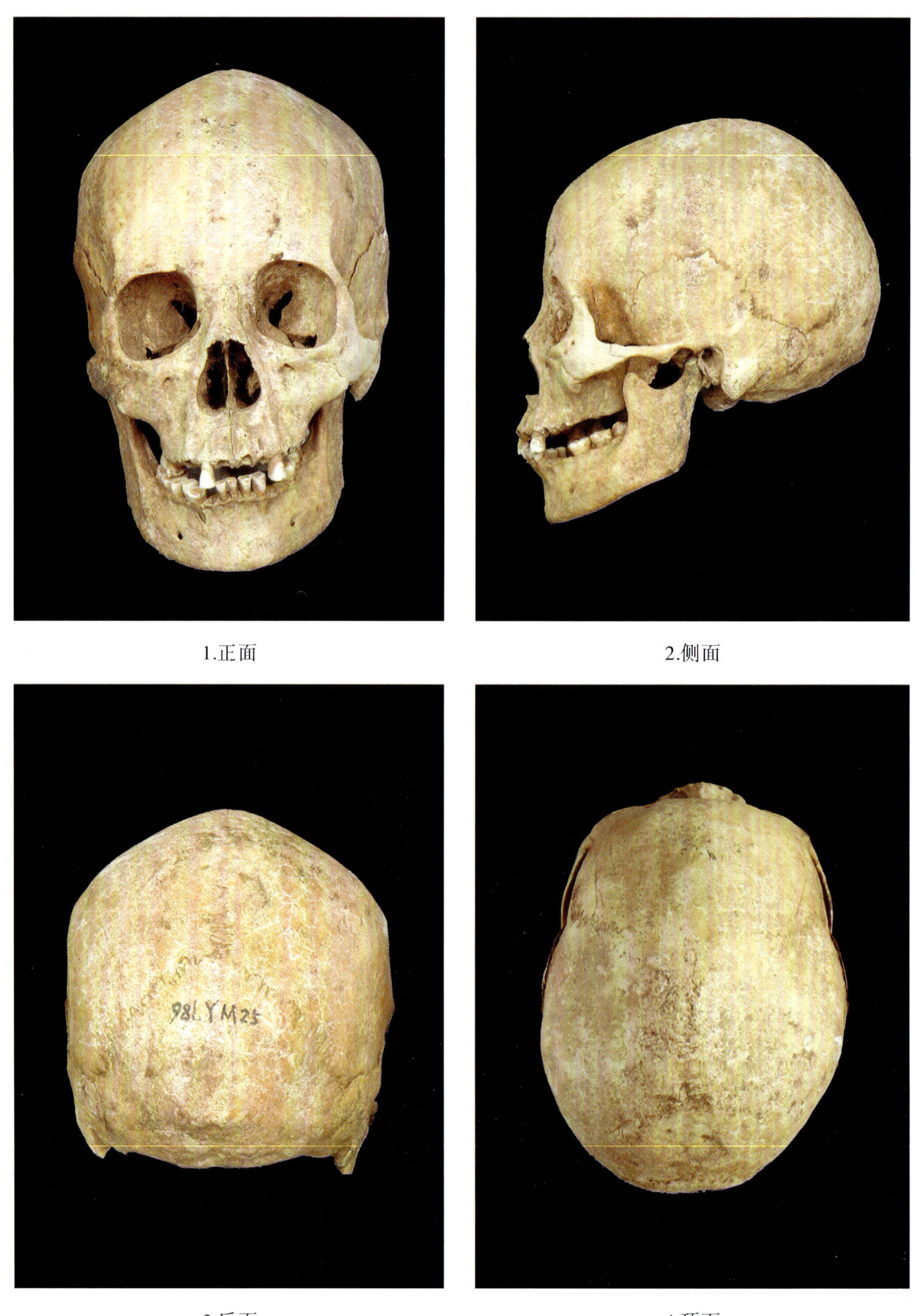

1.正面　2.侧面

3.后面　4.顶面

一棵树墓地LYM25头骨

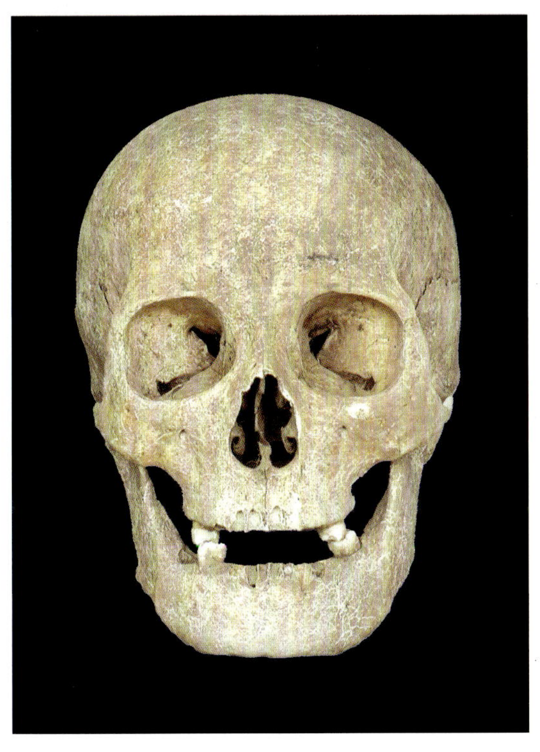

1.正面

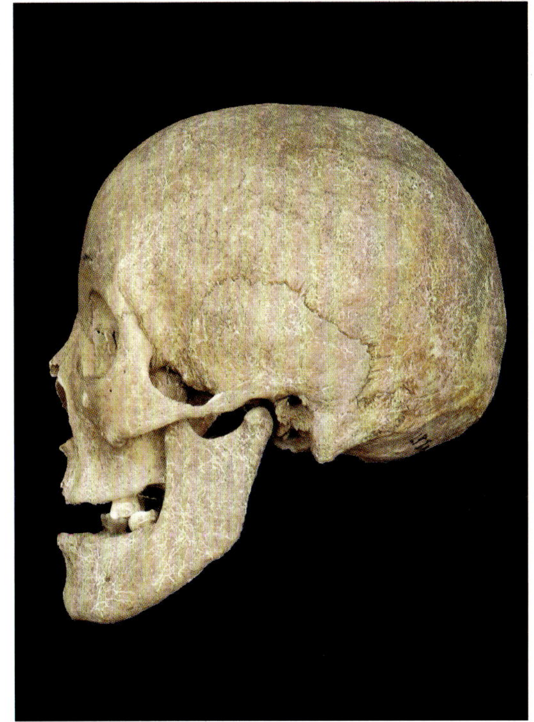

2.侧面

3.后面

4.顶面

一棵树墓地LYM5头骨

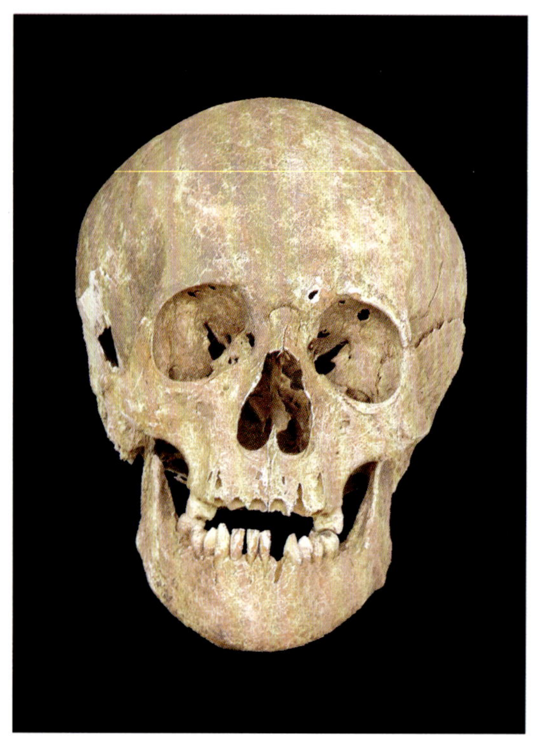

1.正面

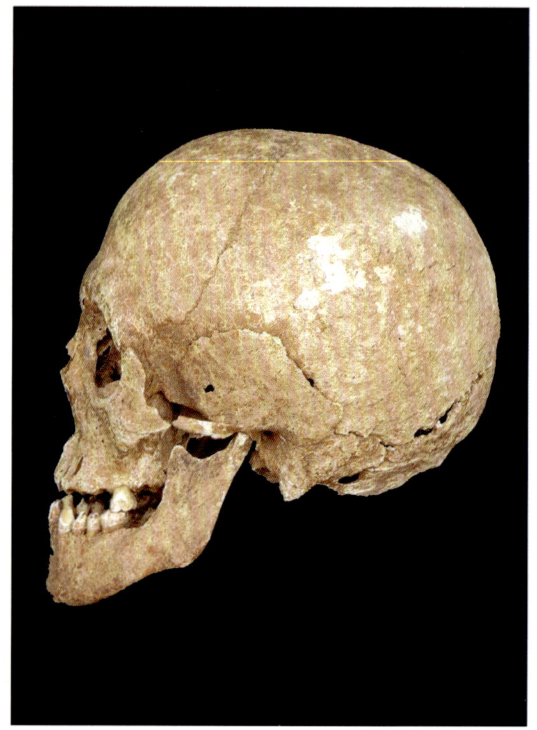

2.侧面

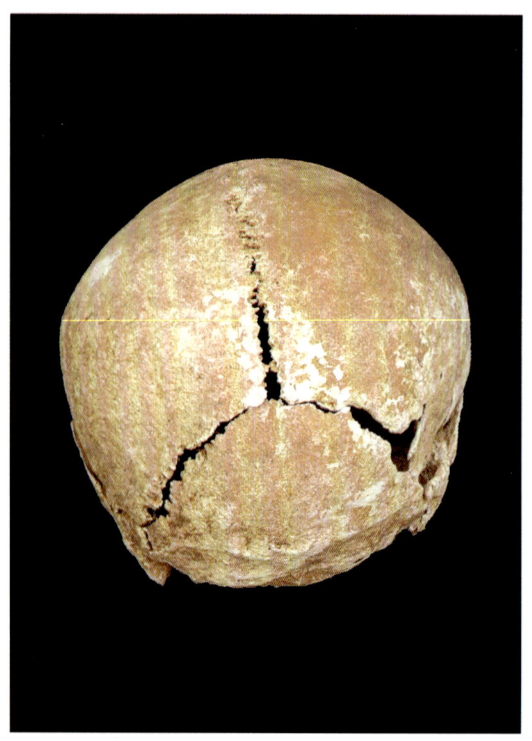

3.后面

4.顶面

一棵树墓地LYM24头骨

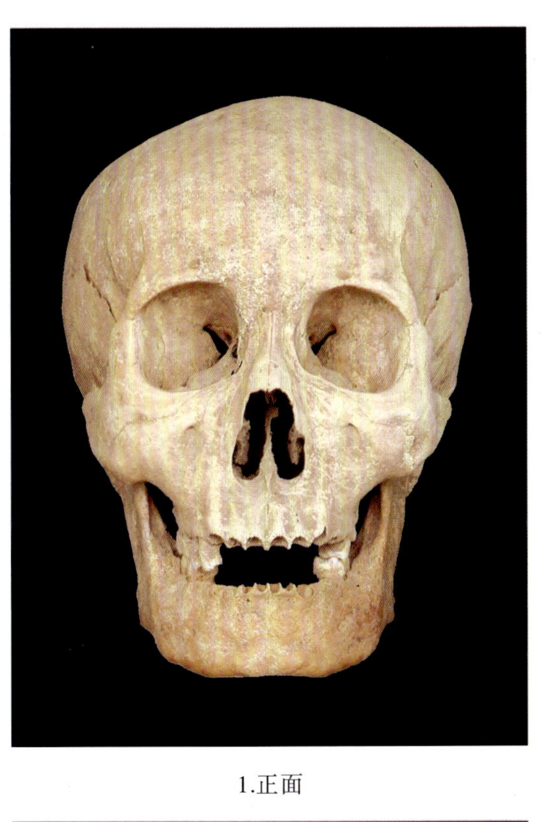

1.正面

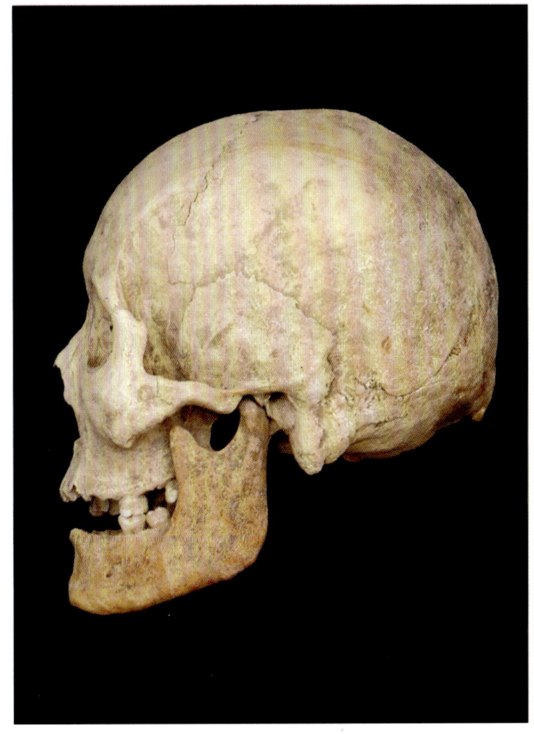

2.侧面

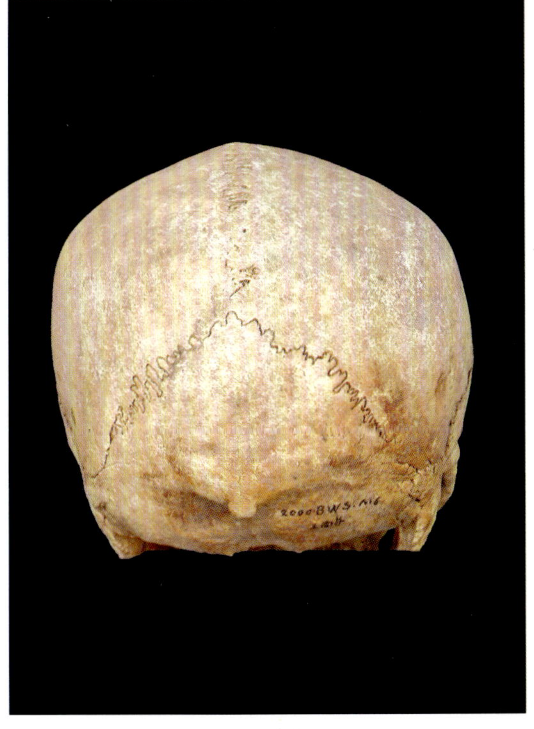

3.后面

4.顶面

三面井墓地BWSM6头骨

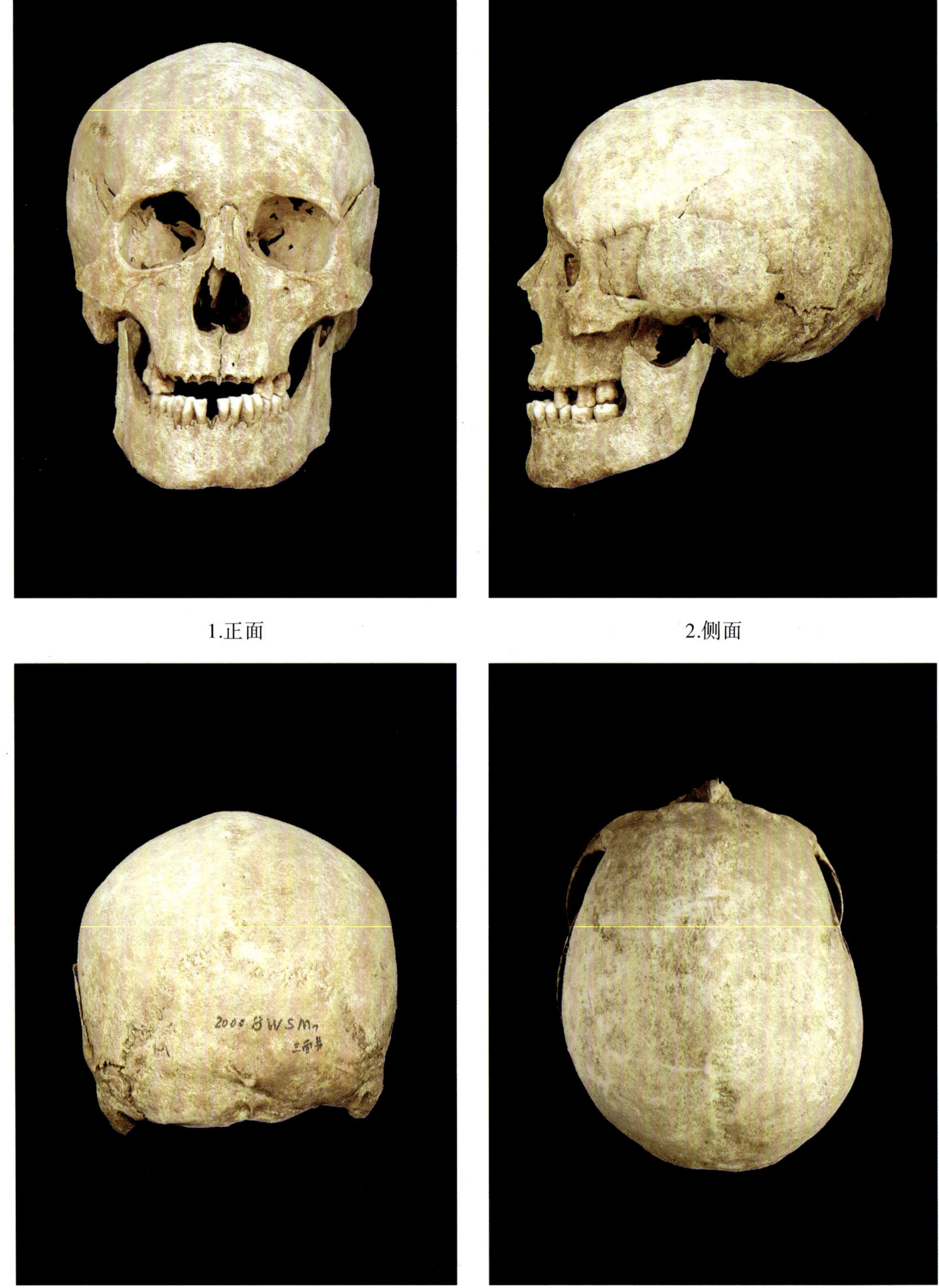

1.正面

2.侧面

3.后面

4.顶面

三面井墓地BWSM7头骨

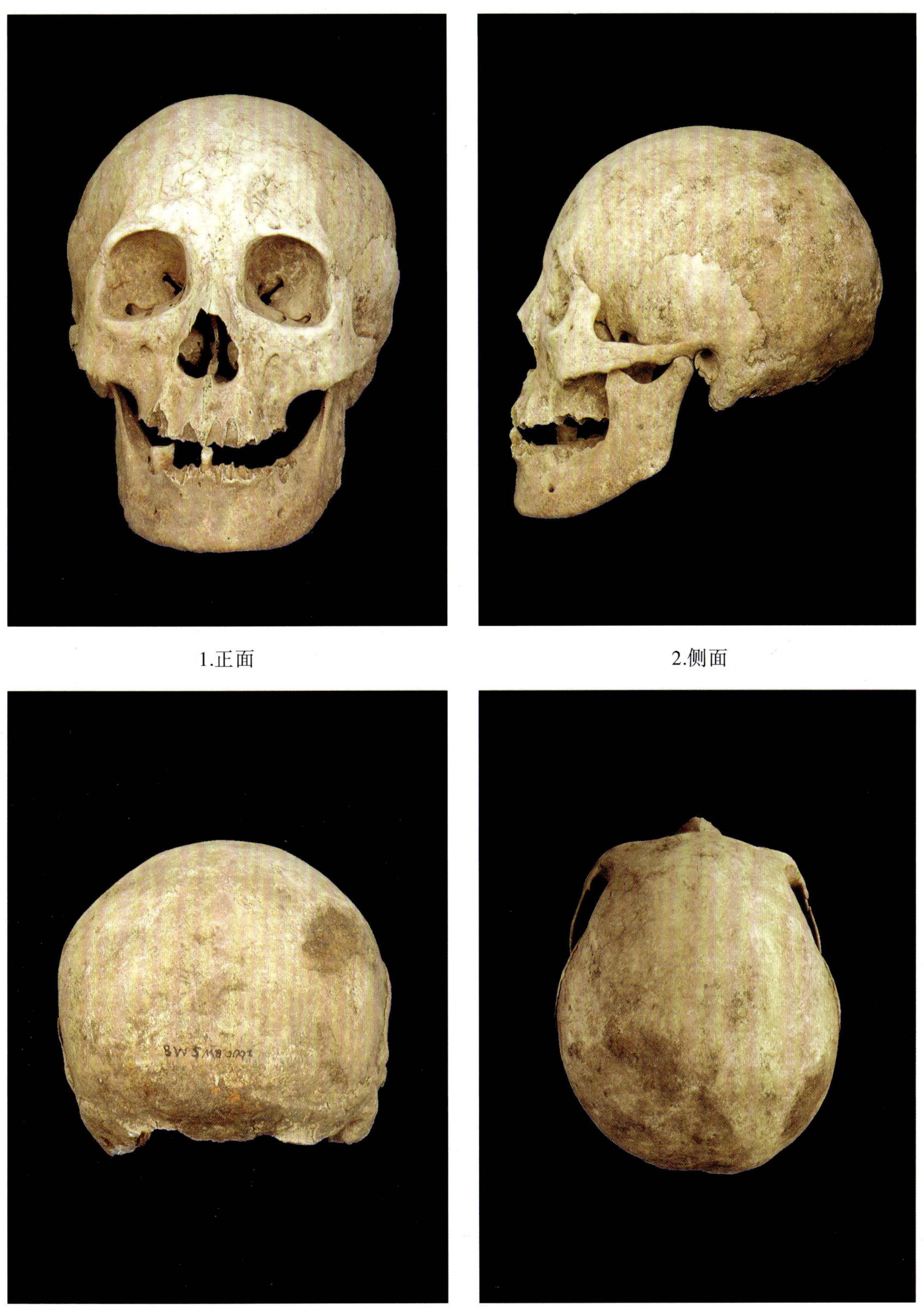

1.正面　2.侧面

3.后面　4.顶面

三面井墓地BWSM8头骨

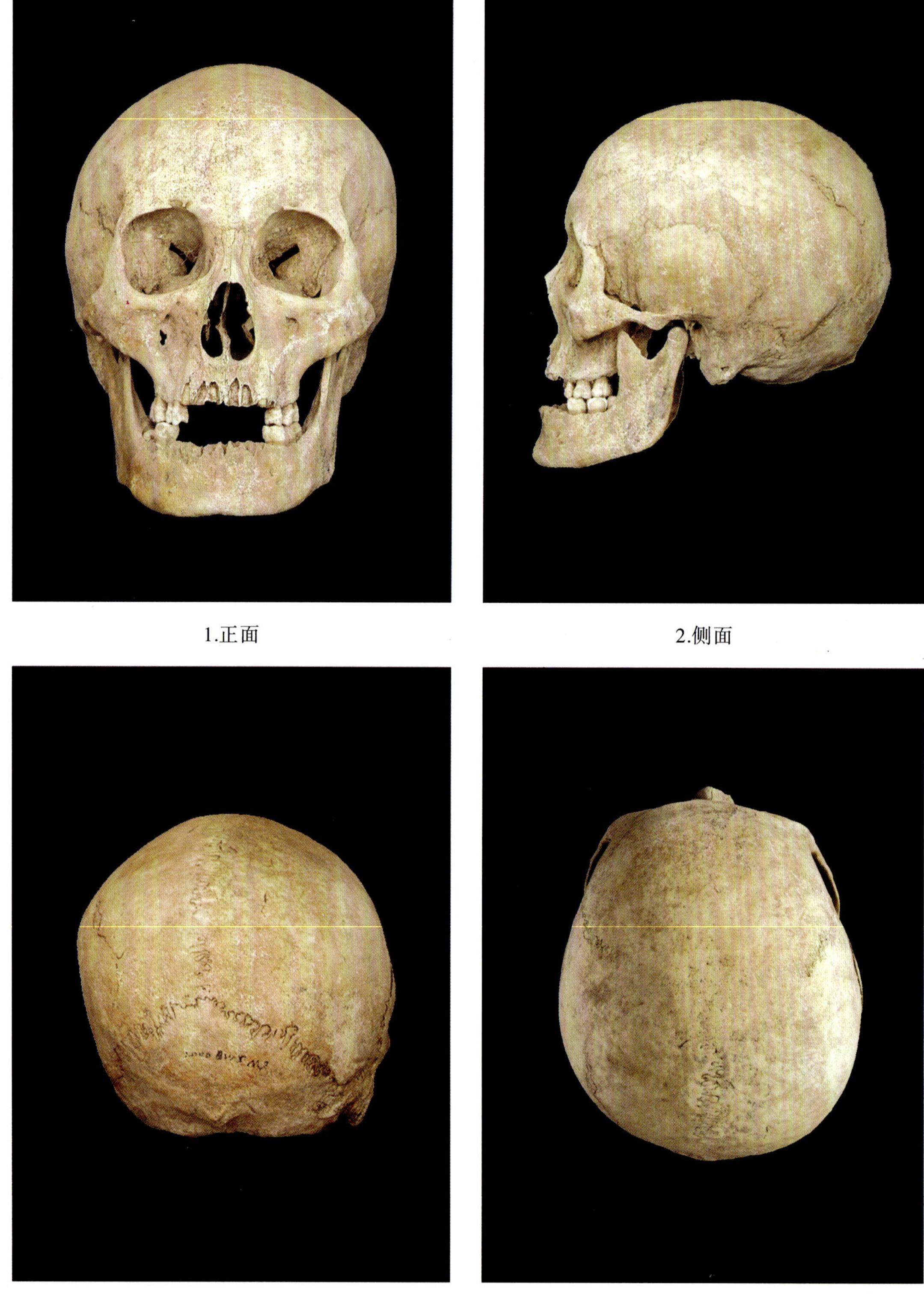

1.正面　2.侧面

3.后面　4.顶面

三面井墓地BWSM9头骨

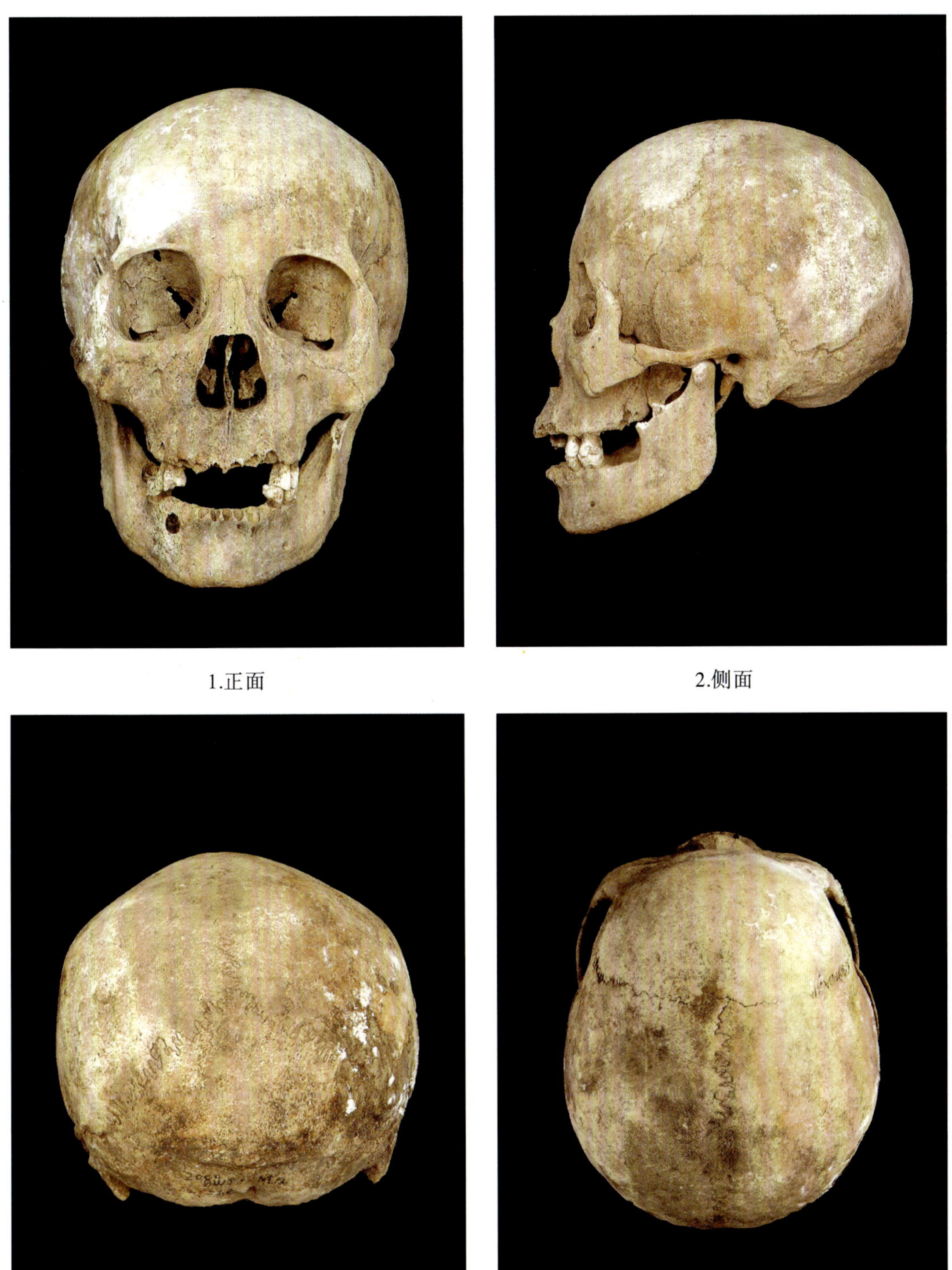

1.正面　2.侧面　3.后面　4.顶面

三面井墓地BWSM2头骨

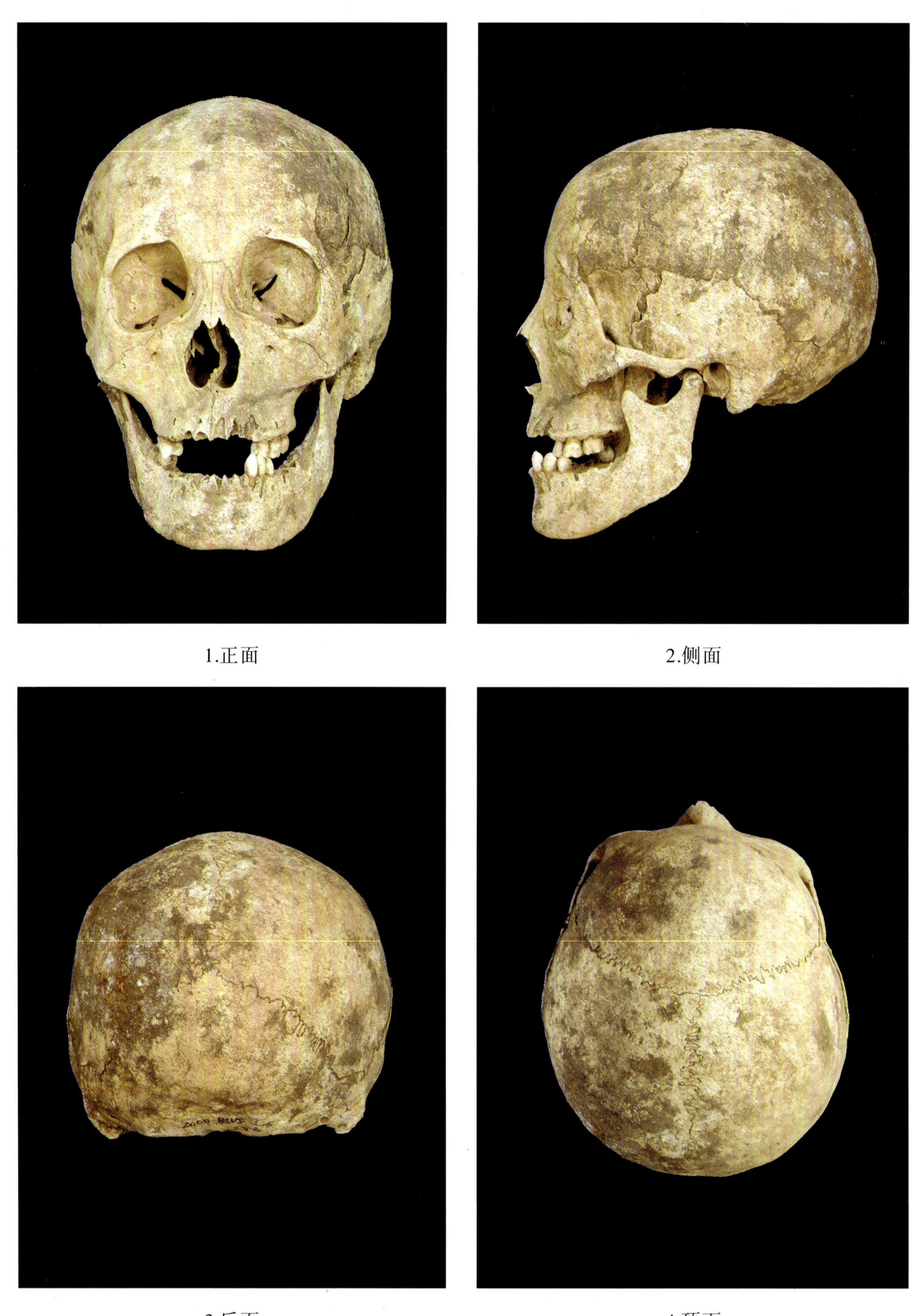

1.正面　2.侧面

3.后面　4.顶面

三面井墓地BWSM5头骨

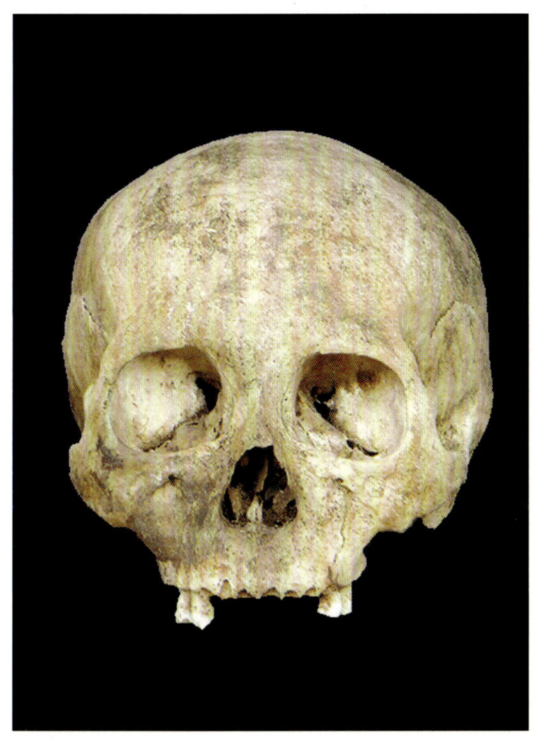

1.正面

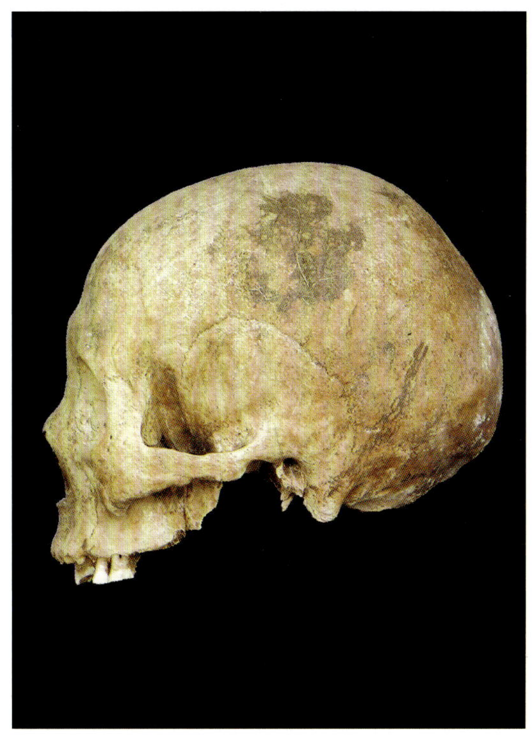

2.侧面

3.后面

4.顶面

三面井墓地BWSM10头骨

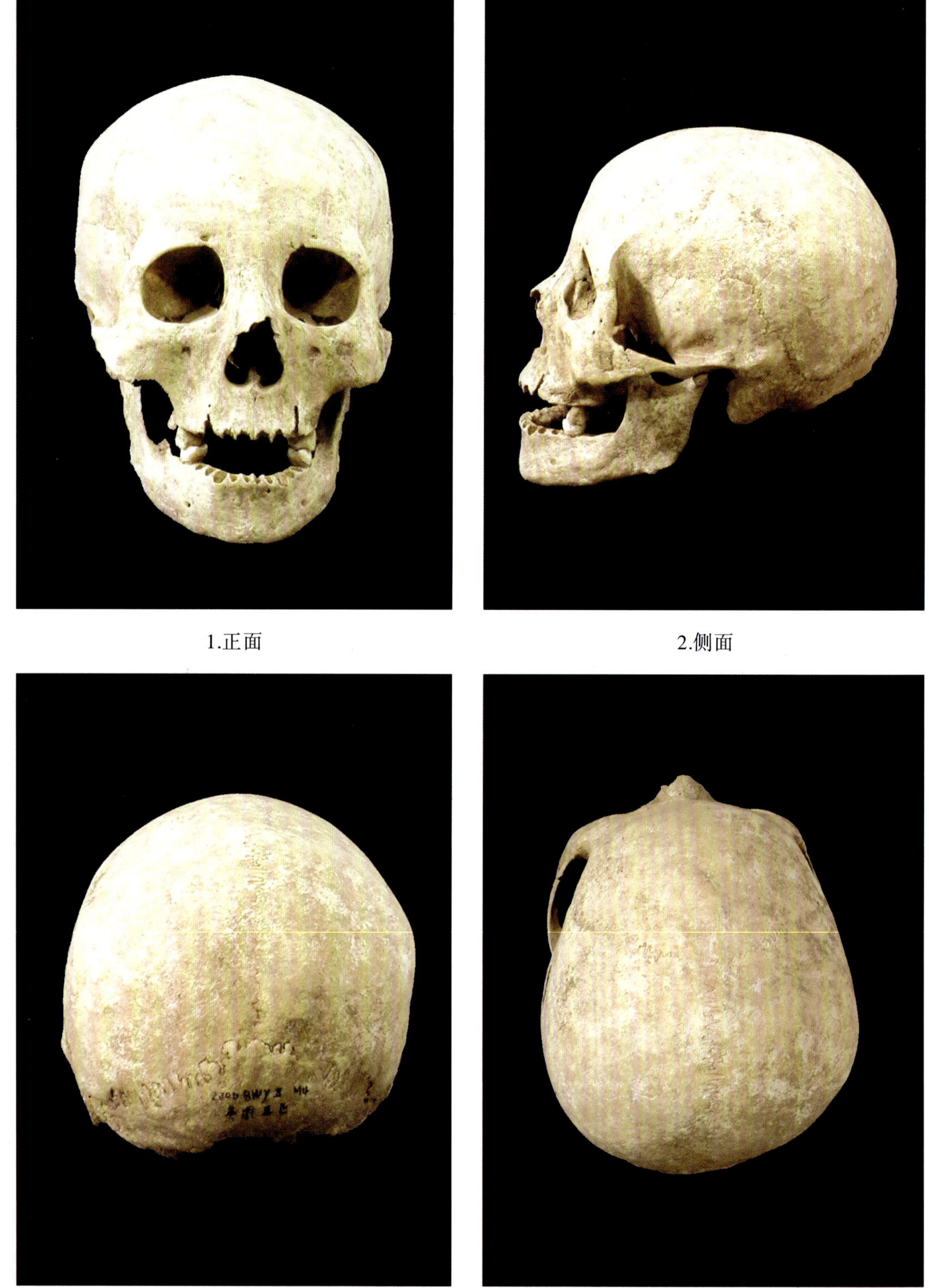

1.正面

2.侧面

3.后面

4.顶面

伊松敖包墓葬BWYM4头骨

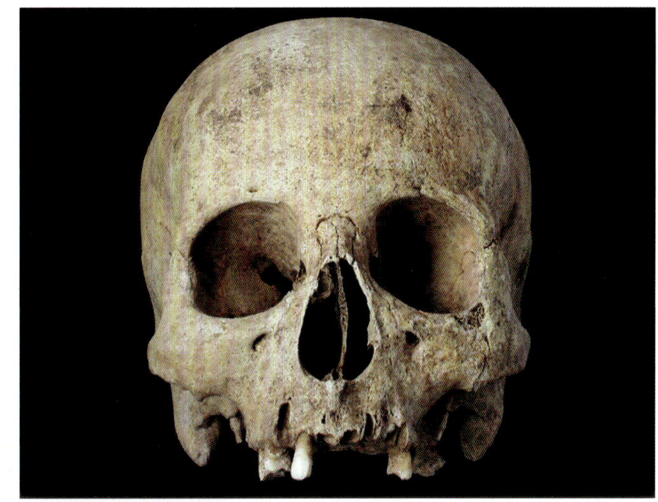

1.DZXM8-1牙周病例

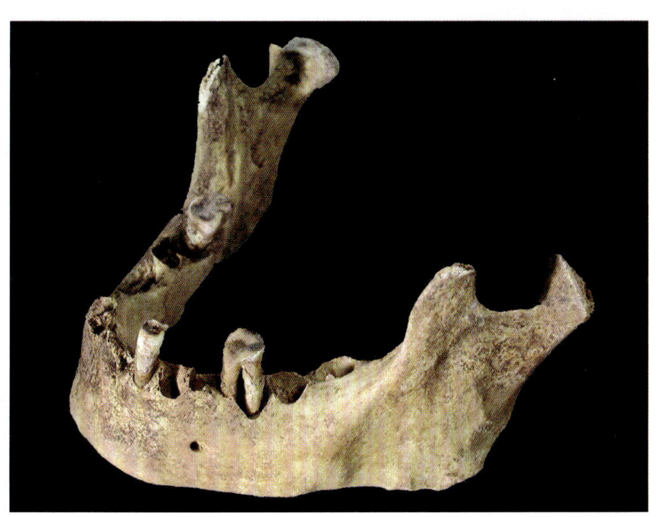

2.DZXM8-1牙周病例

3.DZXM95牙周病例

砧子山墓地DZXM8-1、M95牙周病例

1.DZXM77龋齿病例

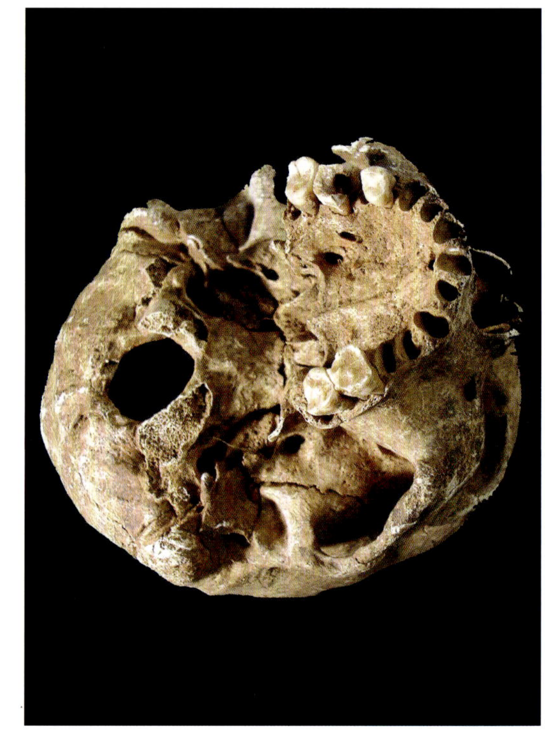

2.DZXM77龋齿病例

3.DZXM26牙周病例

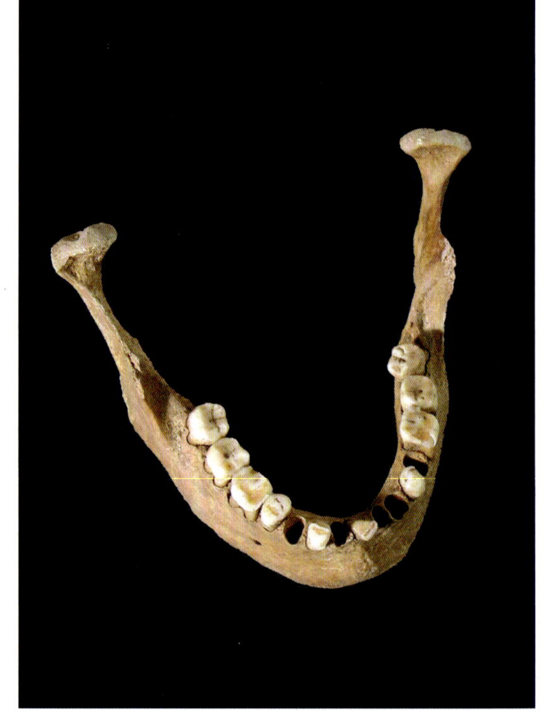

2.DZXM26龋齿病例

砧子山墓地DZXM26、M77牙周病及龋齿病例

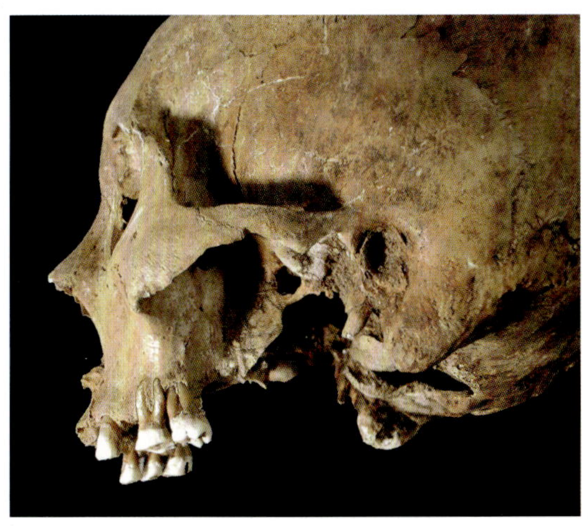

1.DZXM43牙周病例

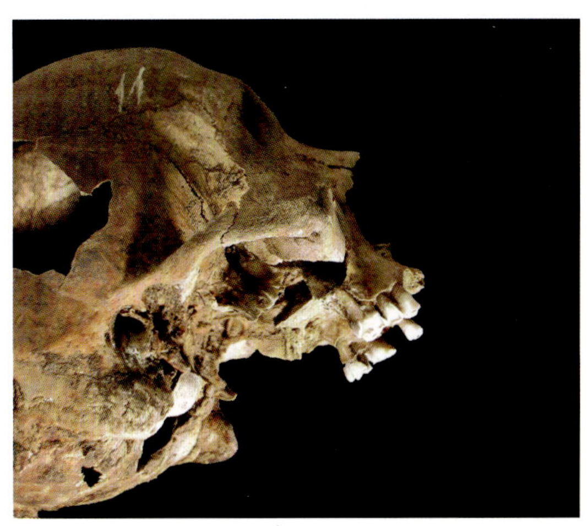

2.DZXM43牙周病例

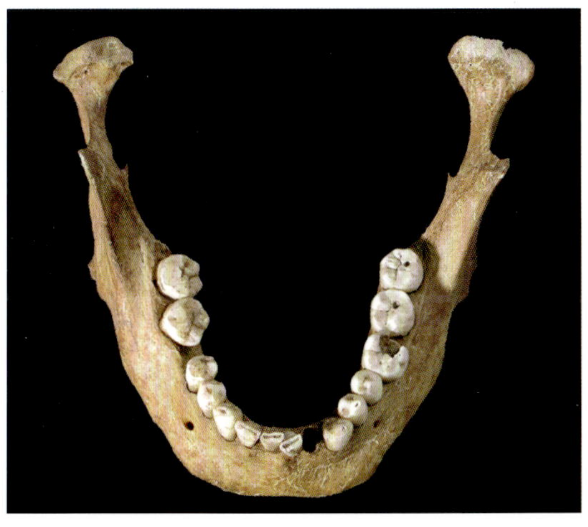

3.DZXM53下颌观察

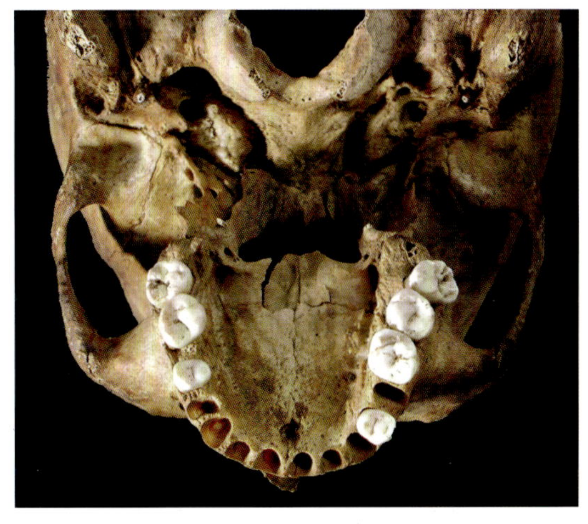

4.DZXM53龋齿病例

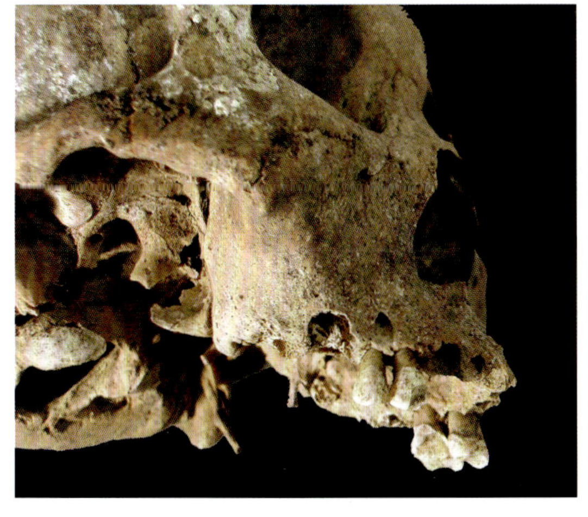

5.BWSM2下颌牙周病例

6.BWSM2上颌牙周病例

砧子山墓地DZXM43、M53和三面井墓地BWSM2牙周病及龋齿病例

1.宫城南墙（采自《上都》1941）

2.宫城南门（采自《上都》1941）

元上都宫城南墙和南门

1.小庙与敖包（采自《上都》1941）

2.穆清阁中央基址远眺（采自《上都》1941）

元上都穆清阁基址上的喇嘛教建筑

1.喇嘛教建筑全景（采自《上都》1941）

2.喇嘛教建筑门址细部（采自《上都》1941）

元上都宫城北部喇嘛教建筑

1.汉白玉螭首（采自《上都》1941）

2.大理石龟趺（采自《上都》1941）

元上都皇城出土石构件

1.碑额背面（采自《上都》1941）

2.碑额侧面（采自《上都》1941）

元上都南关出土大理石碑额

图版八

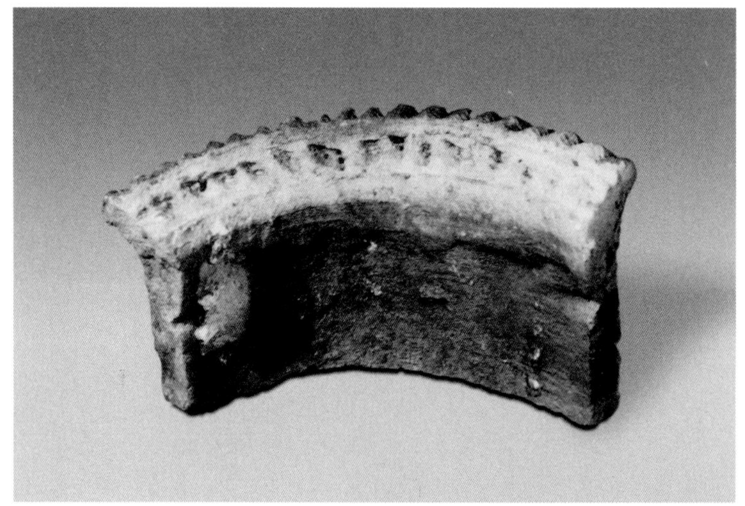

1.带状滴水（LYNT5②：8）

2.鸱吻（LYNT5②：1）

3.砚台（LYNF2：11）

元上都南关出土器物

1.酱釉碗（LYD1①：23）

2.青花盘（LYD1M：213）

3.耀州窑盘（LYD1M：210）

4.磁州窑盘（LYD1F1：1）

5.米黄釉碗（LYD1F1：27）

6.白釉瓷盘（LYD1F1：2）

元上都宫城1号基址上层殿址出土瓷器

1.手印纹砖（LYD1M：167）

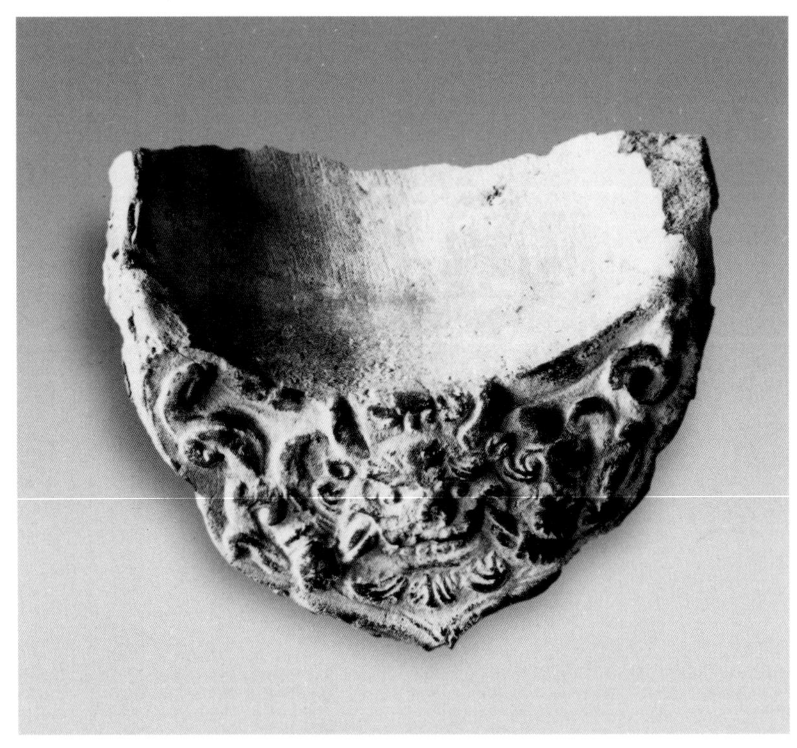

2.A型兽面纹滴水（LYD1M：137）

元上都宫城1号基址上层殿址出土建筑构件

1.小口瓶（DZXM12：1）

2.小口双耳瓶（DZXM61：2）

3.梅瓶（DZXM57：1）

4.四系小口瓶（DZXM58：2）

砧子山墓地DZXM12、M57、M58、M61出土瓷器

图版一二

1.瓷盆(DZXM64：7)

2.梅瓶(DZXM77：4)

3.陶盘(DZXM48：6)

4.瓷碗(DZXM23：1)

砧子山墓地DZXM23、M48、M64、M77出土器物

1.漆器墨书（DZXM64：13）

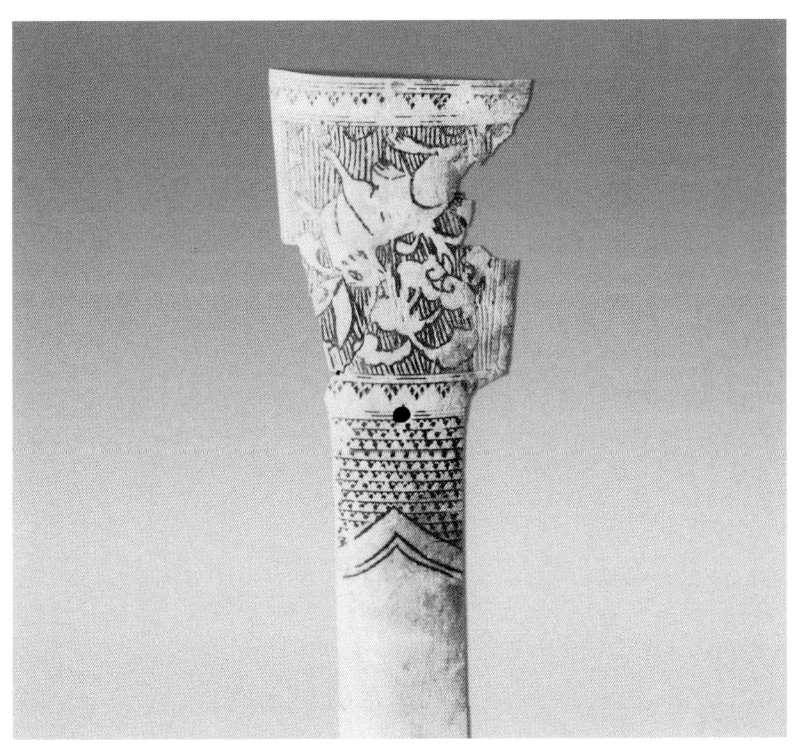

2.B型雕刻骨饰片（DZXM64：17）

砧子山墓地DZXM64出土器物

1.C型骨饰片（DZXM64：18）

2.C型骨饰片（DZXM64：19）

3.A型骨饰片（DZXM64：16）

4.A型骨饰片（DZXM64：15）

砧子山墓地DZXM64出土雕刻骨饰片

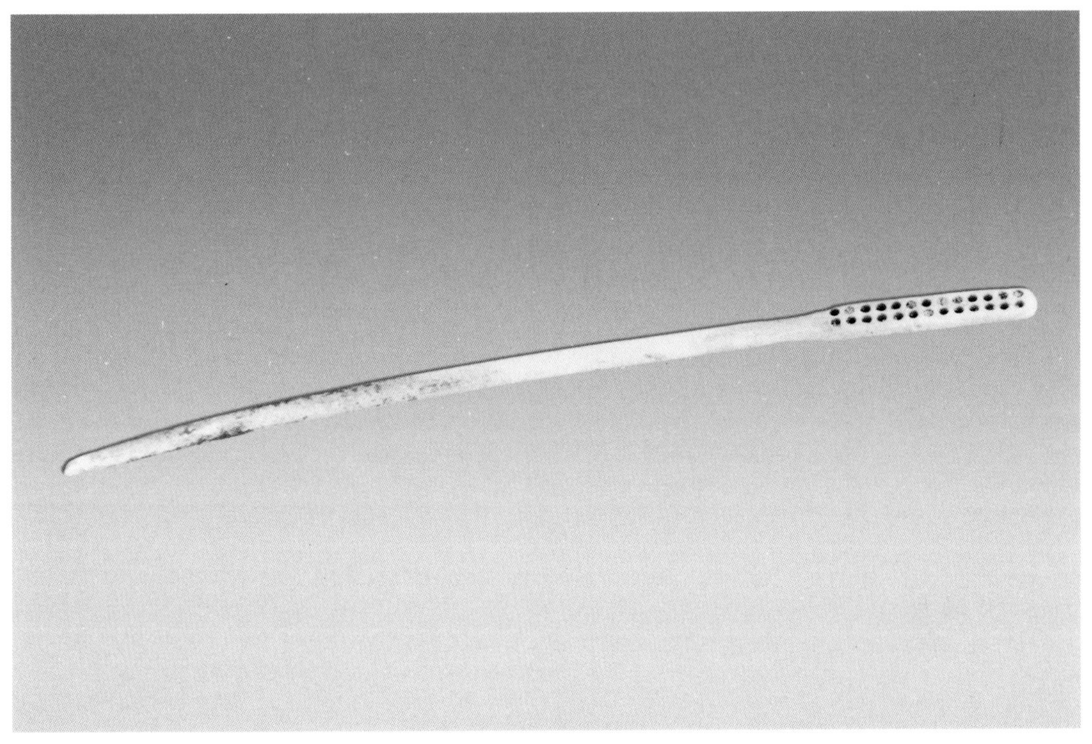

1.骨牙刷柄（DZXM86：6）

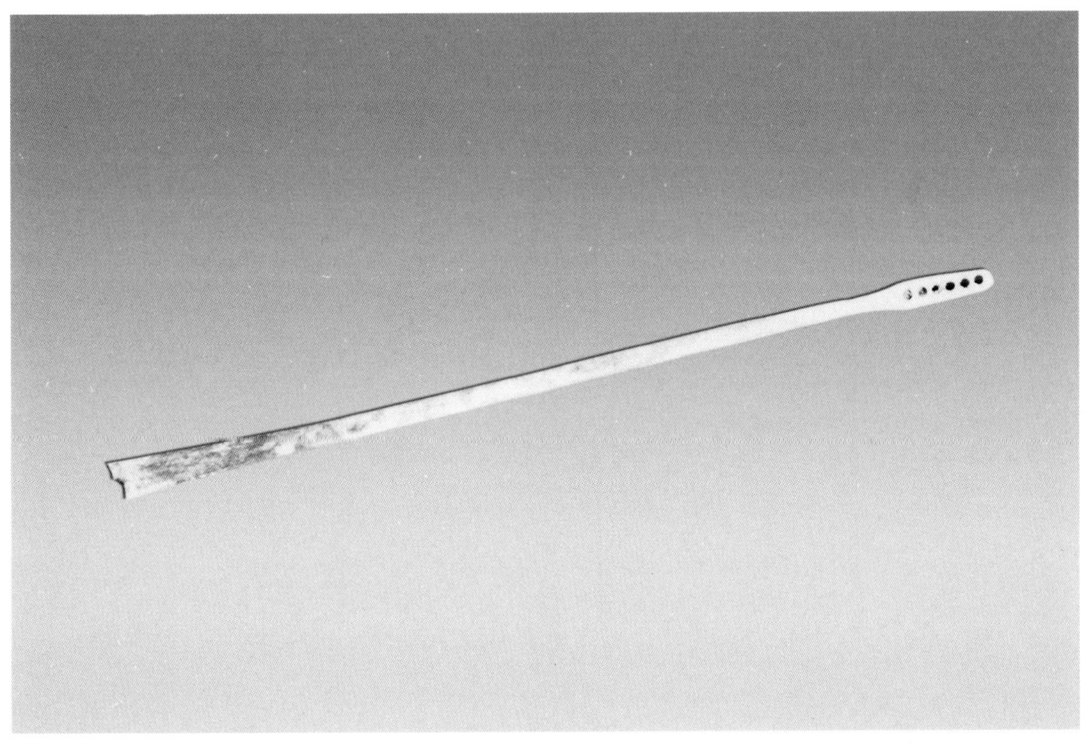

2.骨牙刷柄（DZXM86：8）

砧子山墓地DZXM86出土骨牙刷柄

1.香炉（LWM2：3）

2.瓷碗（LWM1：3）

3.瓷碗（LWM1：4）

卧牛石墓地LWM1、M2出土器物

图版一七

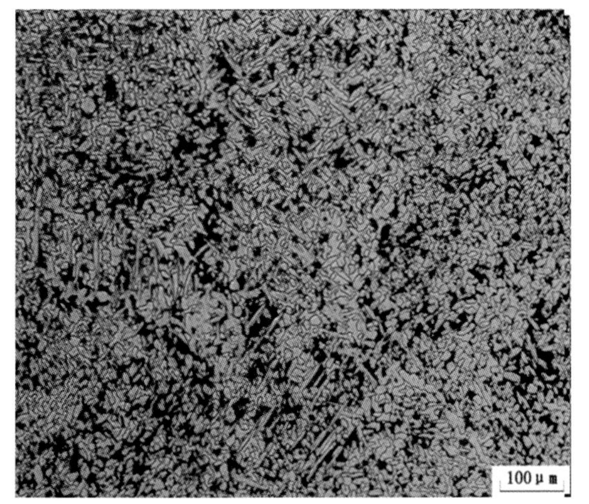

1.铜烟锅残片（LYD1F1：32，2751）的金相组织

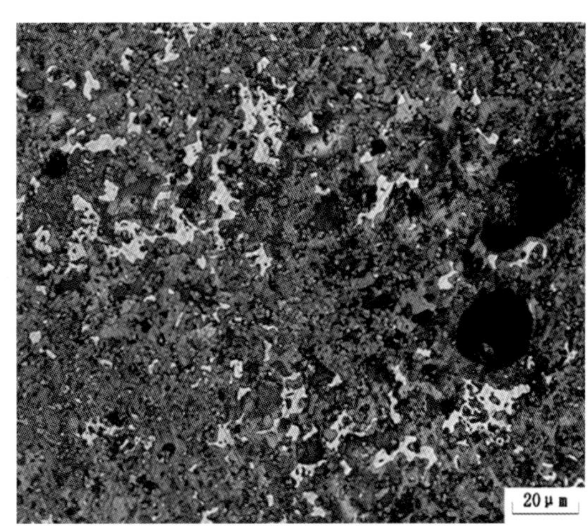

2.铜壶口沿（LYW：12，2752）的金相组织

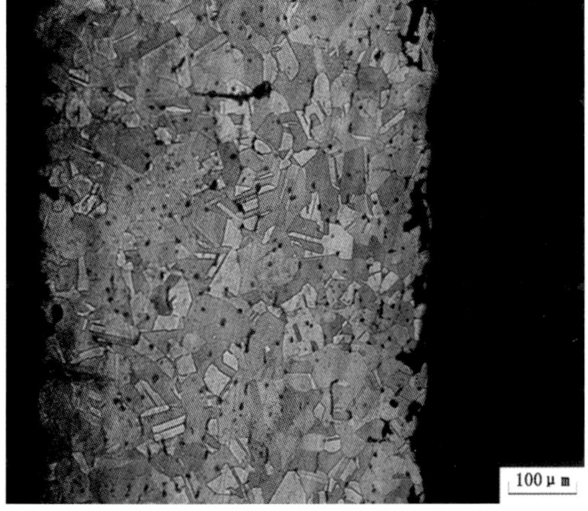

3.铜片（LYW：51，2753）的金相组织

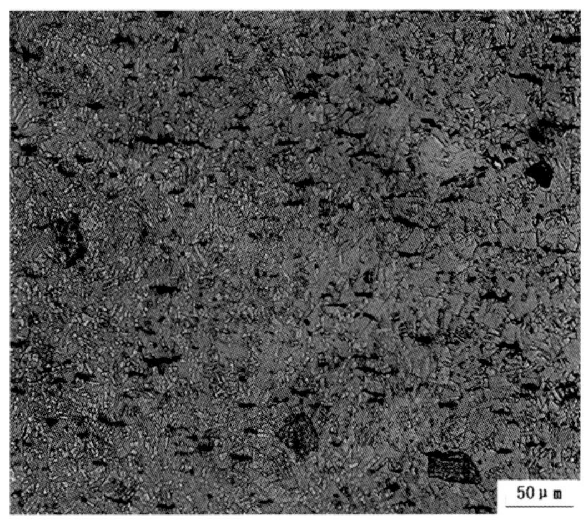

4.铜环（LYM20：1，2699-1）的金相组织

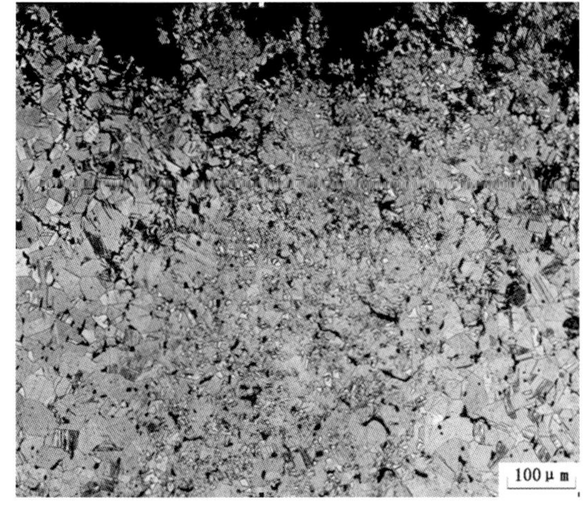

5.铜环（LYM20：1, 2699-2-1）的金相组织

6.铜环（LYM20：1，2699-2-2）的金相组织

元上都及周围地区出土铜器金相组织

图版一八

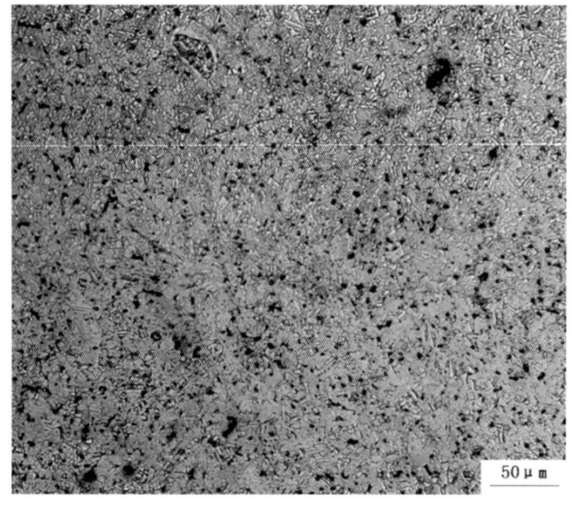

1.铜环（LYM20：1，2699-3）的金相组织

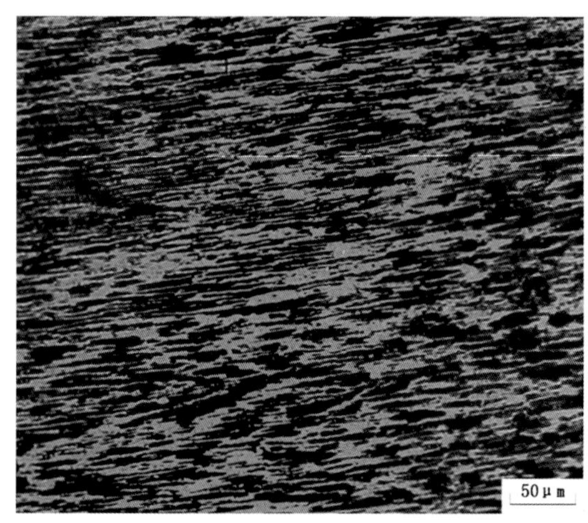

2.银铜饰件（LWM2：5，2770-1）的金相组织

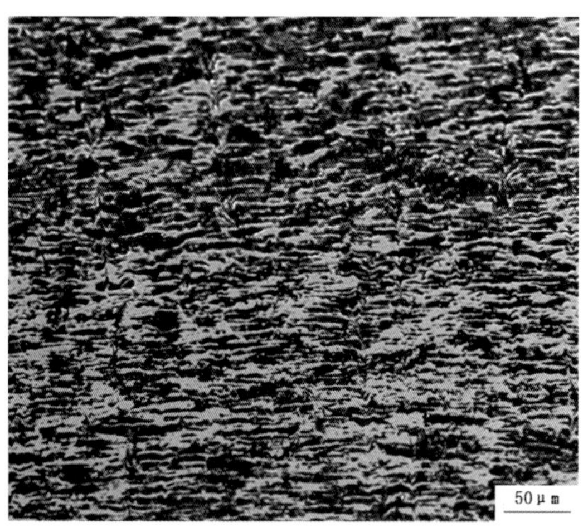

3.银铜饰件（LWM2：5，2770-2）的金相组织

4.铜片（LYM24：5，2773-1）的金相组织

5.铜片（LYM24：5，2773-2）的金相组织

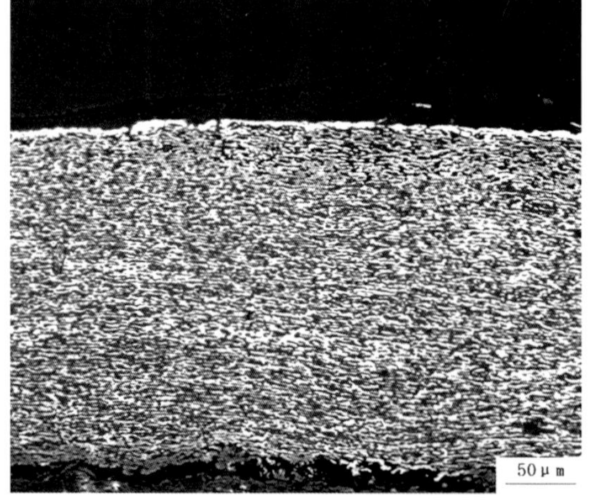

6.铜片（LWM2：7，2776）的金相组织

元上都及周围地区出土铜器金相组织

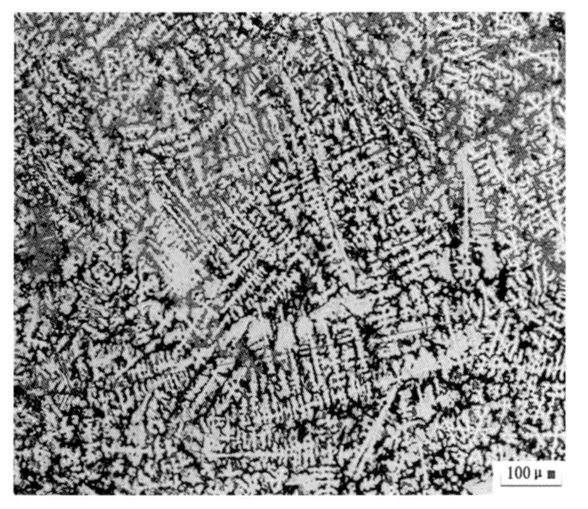

1.铜镜（LYM2：1，2777）的金相组织

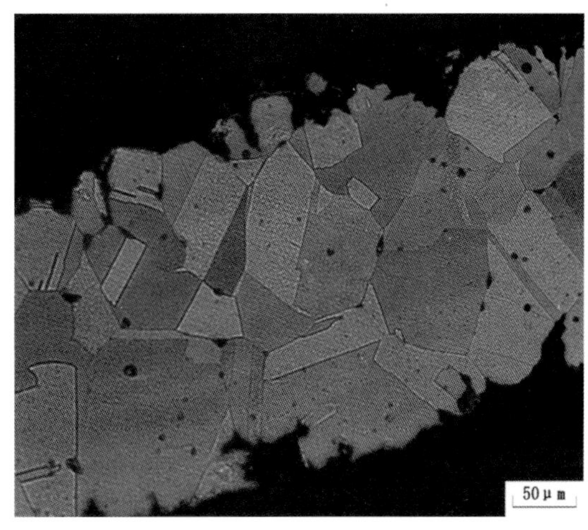

2.铜片（LYM：16，2778）的金相组织

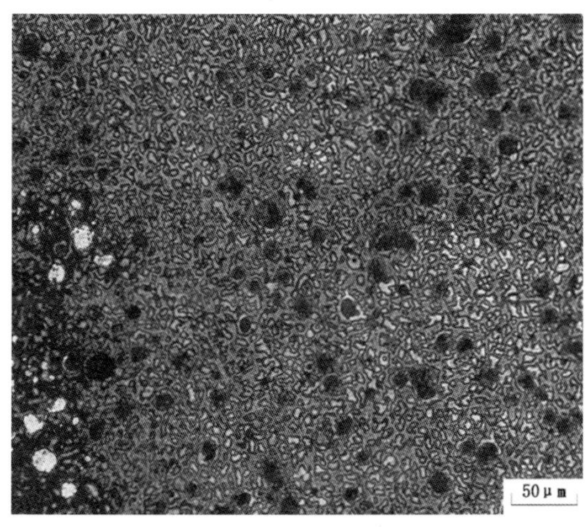

3.钱币（LWM2：33，2780）的金相组织

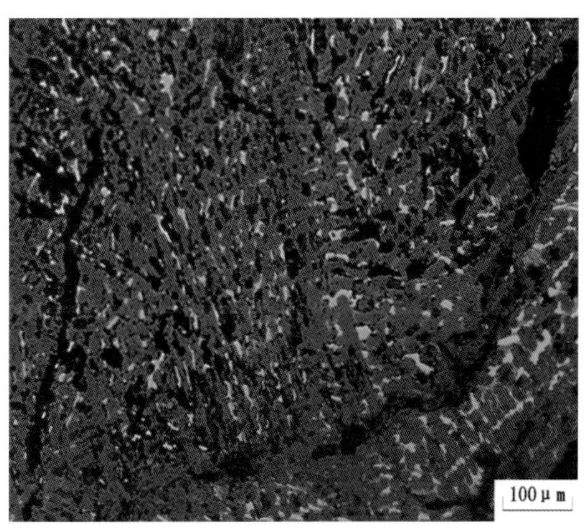

4.铁器（LYD1F1：15，2750）的金相组织

5.铁镞（LYW：13，2755）的金相组织

6.铁棺钉（DZXM4：2，2759）的金相组织

元上都及周围地区出土铜、铁器金相组织

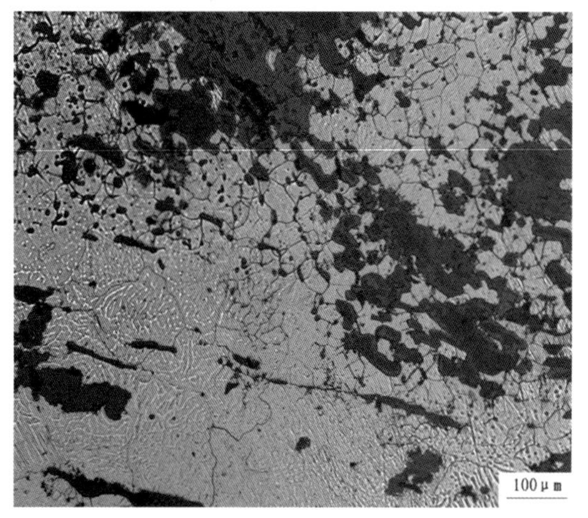

1.铁棺钉（DZXM8：25，2760）的金相组织

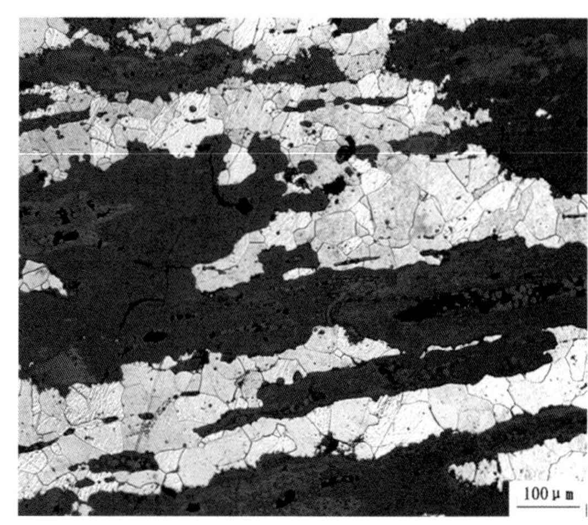

2.铁镞（DZXM76：5，2761）的金相组织

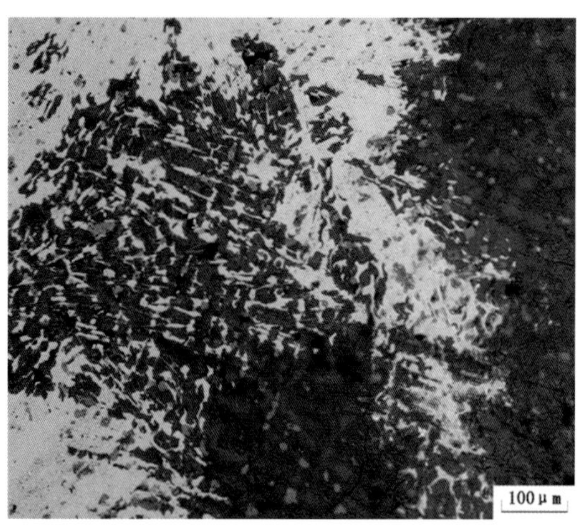

3.铁釜残片（DZXM8：33，2763）未侵蚀的形貌

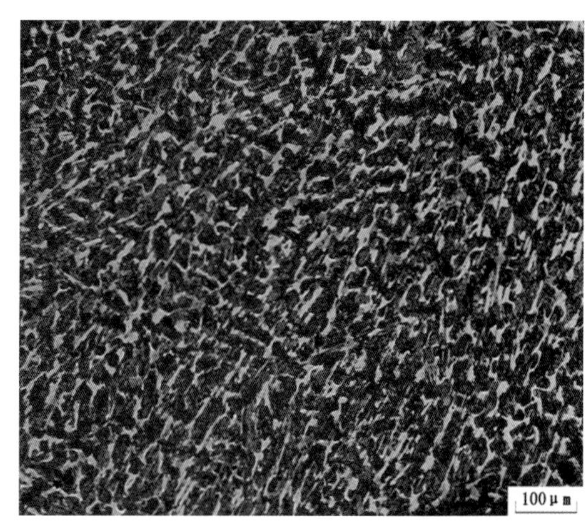

4.铁釜残片（DZXM8：33，2763）的金相组织

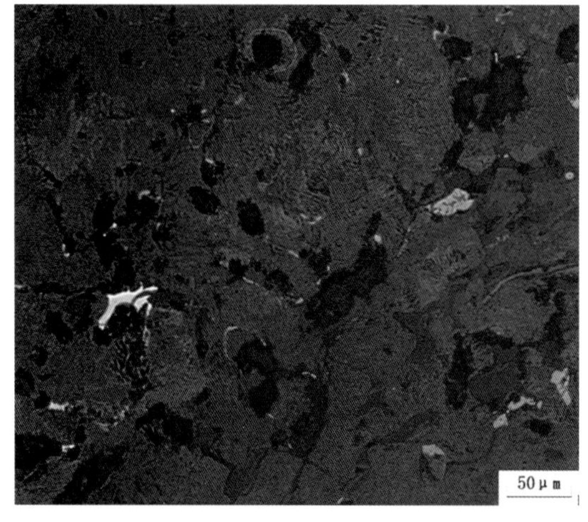

5.铁器（LYD1③：2，2766）的金相组织

6.铁器（LYNT2F2：4，2767）的金相组织

元上都及周围地区出土铁器金相组织